은퇴는 축복입니다

김성복 산문집

KB202923

일독을 권하며…

유대인의 지혜서 탈무드에 "이 세상에서 가장 지혜로운 사람은 배우는 사람이고, 이 세상에서 가장 행복한 사람은 감사하며 사는 사람이라"고 했다.

오랜 시간 함께 교제해 온 김성복 목사가 책을 발간했다.

내용은 제1부 은퇴의 날을 기다리며, 제2부 은퇴, 제3부 은퇴 후 3년, 제4부 35년을 섬겨 온 연산중앙교회로 되어 있다.

평소에 김 목사는 언제나 지혜롭고 소신이 확실하다. 역시나 책 내용도 그러하다. 진솔하고 흥미와 의미를 부여하는 다큐멘터리다. 빨려들어 재미있게 읽었다. 특히 가족 친화적인 삶과 목회 지향적 방향성과 은퇴 후의 계획된 아름다운 삶이 잔잔한 감동과 도전을 준다.

은퇴 후의 삶이 외롭거나 진부하지 않다. 진취적이고도 다양성을 갖춘 점이 글 속에 비쳐진다. 여러 은퇴자와 후배들에게 도전이 되기도 한다. 건강과 영성과 취미가 멋진 조화를 이루고 있다.

　　이 책을 읽어 갈수록 신앙인의 행복한 삶과 목회자의 보람된 모습이 강하게 느껴진다.
　　필요한 곳에 배치된 사진들이 훨씬 더 현장감을 더해주어서 읽기에 더욱 좋다.
　　귀한 책 발간을 진심으로 축하드리며 여러분들께 일독을 권한다.

윤현주 목사(전임 고신총회장)

끝날 때까지 끝난 게 아니다

미국(美國)의 전설적인 야구선수 요기 베라(Yogi Berra, 1925~2015)는 무려 15시즌 연속(連續)으로 올스타에 뽑히고 세 차례나 최우수 선수에 올랐던 인물이다. 은퇴 후 그가 뉴욕 메츠의 감독으로 있을 때의 일이다. 1973년 메츠가 시카고 컵스에 9.5게임 차로 뒤진 채 미국 동부지구 최하위를 달리고 있을 때, 기자가 그에게 이번 시즌은 여기서 끝이냐는 질문을 했다. 그때 그는 이런 유명한 말을 남긴다. "끝날 때까지 끝난 게 아니다"(It ain't over till it's over). 기자(記者)의 질문에 대한 그의 답변은 현재까지 가장 유명한 야구 명언(名言) 중 하나로 꼽힌다. 그리고 그의 말대로 당시 메츠는 컵스를 제치고 내셔널리그 동부지구 우승을 차지하게 된다.

그렇다. '인생은 9회말 투아웃부터'라고 비유할 때가 많다. 공

하나에 의해서 게임이 끝날 수도 있지만, 끝까지 포기하지 않으면 언제든 더 멋있게 마무리할 기회가 올 수 있다는 것을 보여준 유명한 일화이다.

우리 인생도 마찬가지인 것 같다. 사람들은 일할 때는 앞만 보고 달려가지만, 은퇴하면 게임이 끝났다고 생각하고 무기력증에 빠지는 분들이 많다고 한다. 목표가 사라졌기 때문이다. 사라진 목표와 함께 꿈도 사라지는 경우가 대부분이라고 한다. 특히 목회자들이 이런 경험을 더 많이 한다고 한다. 그래서 이런 말이 생겨나기도 했다. "은퇴 후 3년만 스트레스 받지 않고 재미있게 보내면 장수한다." 그런데 대부분은 이 3년을 어떻게 보내야 할지를 모른다고 한다.

여기에 대한 명쾌한 답과 길을 제시하는 좋은 책이 이번에 출판되어 감히 추천한다. 이 책에서 저자는 앞으로 100세 시대를 맞아 은퇴 후 30-40년을 어떻게 보낼 것인지에 대한 자신의 경험담을 진솔하게 소개하고 있다. 특히 저자는 은퇴 후 3년간을 어떻게 보냈는지 소소한 자신의 경험담을 소개하고 있다. 저자는 은퇴 후 다양한 경험들을 통해서 현직에 있을 때보다 더한 행복을 찾아가고 있음을 이 책에서 잘 보여주고 있다.

통계에 의하면 87%의 세상 사람들이 아무런 목표나 비전 없이 살아간다고 한다. 단지 10%의 사람들만이 마음속에 뚜렷한 목표를 가지고 살아가고 있으며, 오직 3%의 사람들만이 글로 쓴 목표(비전), 즉 인생을 위한 '계획서'를 가지고 살아간다고 한다. 꿈과 비전을 갖는 것도 중요하지만 그것을 이루기 위해 구체적인 목표와 계획서를 만들고 그것을 실행에 옮기는 것은 더 중요하다. 하지만 많은 사람은 자신이 품은 목표나 비전을 지속시켜 가지 못한다. 은퇴 후에는 더욱더 그렇다고 한다. 그러나 이 책의 저자는 은퇴 후에도 날마다 꿈을 꾸고, 그 꿈을 이루어 나가고 있다.

누구나 꿈과 비전은 가지지만 그것을 이루기는 쉽지 않다. '부산에서 서울까지 도보여행' 이런 계획은 누구나 세울 수 있지만, 그것을 실행하기는 쉽지 않다. 그런데 저자는 꿈꾼 그것을 너무나 쉽게, 그러면서도 재미있게 이루어 낸다. '바보들은 항상 결심만 한다'라는 책이 있다. 이 책은 하고 싶은 꿈은 있지만, 실행에 옮기지 못하는 사람들이 얼마나 많은지를 잘 보여주고 있다. 그러나 김성복 목사님은 너무나 쉽게 계획한 그것, 아니 꿈꾼 그것을 실행에 옮기고 있다. 그러므로 나는 감히 이 책은 꿈꾸고 망설이는 사람들에게 그것을 쉽게 이루는 방법을 안내하는 교과서라고 소개하고 싶다. 꿈꾼 그것을 실행에 옮긴다는 것은 실로 엄청난 힘이다. 이 책이 바로 그 힘을 배우고 습득하고 활용하는 데 큰 밑거름이 될 것으로 생각한다.

이 책을 읽는 모든 사람이 이 책에 담긴 저자의 소소한 여러 이야기를 읽으며, 잠든 영혼을 깨우는 동시에 재미있고 유익한 메시지를 많이 만나게 되기를 기대한다. 그리고 저자의 소소한 변화가 일으킨 작은 파도가 인생이라는 망망대해의 거친 파도를 뚫고 항해하는 데 작은 도움이 되었으면 한다.

"끝날 때까지 끝난 게 아니다."

이영한 목사(고신총회 사무총장)

프롤로그

미국에 있는 후배 목사님이 안부 전화를 하면서 덕담을 한다.

"은퇴 후 좋은 시간을 보내시는 모습이 참 부럽습니다. 시간이 되시면 후배들을 위해서 회고록이라도 써 보시지요."

회고록이라니 가당찮은 말처럼 들렸다. 부족한 사람이라 회고록을 쓸 인물은 못 된다고 생각한다. 은퇴한 지 3년이 지났다. 그동안 무료한 시간을 보내지는 않았다. 그러기에 내 경험이 작은 참고가 되기 바라는 마음에서 몇 자 남기고자 한다.

처음 해 보는 농사에 땀을 흘리면서 수확하는 즐거움도 있었다.

은퇴 직후 미국 철도여행으로 암트랙 여행을 한 것은 코로나19 팬데믹 직전으로 추억에 남는 여행이었다. 그 후 아내와 함께 한 달에 한 번 정도 남도 도서(島嶼)여행으로 다도해해상국립공원들을 돌아보았다.

매주 목요일이면 은퇴한 친구 목사님들과 주례 모임으로 친교하는 시간을 가졌다. 이 시간은 기다려지는 즐거운 모임이었다. 그리고 현역 때는 참석할 수 없었던 둘러보고 싶은 교회들을 찾아가서 목사님을 만나는 시간은 참으로 유익했다. 이렇게 주간, 월간으로 시간을 보내다 보니 한 달이 훌쩍 지나고 1년도 훌쩍 지났다. 3년이 수일처럼 여겨졌다.

이제 은퇴 후 3년이 됐다. 그동안 핸드폰에 저장된 사진들, 메모들, 지난 일기 등을 보면서 추억을 정리한다. 기행문도 나오고, 설교문도 나오고, 단편 수필 등도 나온다. 이렇게 몇 편의 글들이 기록으로 남았다. 앞서 후배 목사님이 제안한 말이 생각난다. '그분들의 은퇴 준비에 약간의 참조가 될 수는 있지 않을까?' 이런 생각에서 감히 출판의 문을 두드린다.

글을 쓰면 읽어 주는 사람이 있을 때 보람을 느낀다. 앞서 은퇴한 선배 목사님들이 많이 계시지만 그분들의 경험을 가까이서 접하지 못했다. 3년의 짧은 경험담이다. 짧은 경험이기에 신선하게 생각하고 재미있게 읽어 주는 분들이 있었으면 하는 바람이다.

"사람이 무엇이관대 주께서 저를 생각하시며 인자가 무엇이관대 주께서 저를 권고하시나이까 저를 천사보다 조금 못하게 하시고 영화와 존귀로 관을 씌우셨나이다… 여호와 우리 주여 주의 이름이 온 땅에 어찌 그리 아름다운지요"(시 8:4,5,9).

차례

1부

은퇴의 날을 기다리며

2부

은퇴

3부
_____

은퇴 후 3년

4부

35년을 섬겨온 연산중앙교회

1부
은퇴의 날을 기다리며

백세시대

죽음이란 저 멀리 있는 것이 아니다. 오늘의 연속(연장)이 죽음과 연결된다. 그러기에 오늘을 잘 사는 것이 죽음을 잘 준비하는 것이 된다. 주전 1500년 전 모세는 인생의 연수가 70이요, 강건하면 80이라고 했다. 모세는 120세를 살았으나 당시 사람들은 평균 연령이 그에 미치지 못했다. 갈렙이 85세의 나이에 강건하다고 말하면서 '이 산지를 내게 달라!'고 여호수아에 청한 것도 갈렙이 유별나게 건강했다는 것을 뜻한다. 유다의 왕들은 사울왕부터 시드기야왕까지 23대를 이룬다. 다윗은 70세에 생을 마쳤다. 유다 왕들의 평균 수명이 45세다.

조선왕조 500년에 27대 왕이 있었다. 그들의 평균 수명이 46세다. 미국 대통령의 평균 수명이(46대 대통령까지 돌아가신 분 39명) 71세. 대한민국의 대통령(이승만, 윤보선, 박정희, 최규하,

김영삼, 김대중, 노무현, 노태우)의 평균 수명이 81세다. 왕들의 수명이 짧은 것은 여러 처첩들을 두고 스트레스를 받은 것에도 이유가 있을 것이다. 그러나 성경적 인생의 연수인 70, 80은 고래로부터 하나님께서 인생에게 정해 준 수명이다.

평균 수명이란 사람이 육체적으로 죽는 시간을 기준으로 정했다. 한국인의 평균 수명은 남녀 공히 80이 넘었다. 올해(2021년) 여러 사람들이 가셨다. 조용기 목사(85세), 정판술 목사(94세), 정순행 목사(94세), 박창환 목사(72세), 김희택 목사(65세) 등 목사님들이 부르심을 받았다. 노태우 대통령도 며칠 전 서거했다. 미국의 외숙모도 며칠 전 86세로 작년에 돌아가신 외삼촌을 따라가셨다. 가까이 있던 분의 죽음을 대하면서 슬픈 마음에 충격을 받는 자들이 있다. 돌아가실 때 건강한 모습이 아니라 오랫동안 요양병원에서 연명만 하다가 세상을 마치시는 분들도 많다. 그래서 건강하게 자신의 몸을 운신하면서 남의 도움을 받지 않고 자유롭게 살 수 있는 나이를 건강수명이라고 말한다.

나는 건강수명을 80으로 본다. 그렇다면 10년 남았다. '인생칠십고래희'(人生七十古來稀)라고 해서 70이 고희(古稀)인데 내가 고희가 지났다. 어릴 때만 해도 환갑잔치를 크게 하고 환갑잔치 떡을 얻어 집에 있는 자녀들에게 주면서 오래 살 것을 기원했는데 지금은 환갑잔치를 하는 사람이 없다. 잔치하면 육갑을 떤다고 놀리는 정도다. 그만큼 장수 시대가 됐다. 장례식장에 가보면 고인의 나이가 90이 넘는 사람이 많다. 80정도가 되면 '살만큼 살았구나!' 하는 정도다. 70대 명패가 붙어 있으면 '젊은 사람이 안됐다'고 생각한다. 그래서인지 고희를 며칠 앞둔 내 마음도 아직 청청하다. 혼자 농사하면 지쳤을 것인데 평생 함께 교회를 섬겼던 권 장로님 내외가 야베스농원에 와서 같이 일하니 피곤치 않고 즐겁다. 78세인데 나보다 더 건강하고 밭일을 잘하신다. "목회할 땐 장로로 목사님 곁에서 목회를 도왔지만 지금은 야베스농원의 집사"라고 하시면서 씨 뿌리고 키우고 가꾸는 일에 나보다 더 재미있어 하시는 것 같아 참으로 감사하다.

괴테는 우아하고 기품 있게 늙어가는 방법에 대해 말했다.

1) 건강할 때 건강에 신경써 건강을 잘 유지하라. 죽음의 강을 건널 때 우리는 육체의 고통과 싸워야 한다.

2) 죽을 때까지 삶을 지탱시켜 주는 것은 사랑과 일 뿐이니 일할 것을 찾으라.

3) 함께하는 친구가 있어야 한다. 아플 때, 기쁠 때 나눌 수 있는 친구가 있어야 한다. 배우자가 가장 좋은 친구다.

4) 노인도 꿈을 가져야 한다. 꿈은 소망이다. 자신의 내면을 바라보고 명상하면서 소망의 꿈을 가져야 한다. "자녀들은 예언할 것이요 젊은이들은 환상을 보며 너희의 늙은이들은 꿈을 꾸리라"(행 2:17)라고 했는데, 노인에게 내일에 대한 꿈이 있어야 한다.

밀양 야베스농원에는 일이 있고 건강이 있고 친구가 있고 수확의 소망이 있다. 괴테가 말한 우아하고 기품있게 늙어가는 방법에 딱 맞는 것 같다.

이곳과 저곳이 멀잖다. 오늘의 연장선에 강 건너편이 보인다. 전도서의 말씀을 다시 마음에 새긴다. '사람이 사는 동안 기뻐하고 즐거워하고 먹고 마시는 가운데 심령의 낙을 누리는 것보다 나은 것이 없고 선을 행하는 것보다 나은 것이 없다'(전 3:12-13)라고 했다. 오늘 하루도 감사와 기쁨으로 살면서 만나는 사람에게 즐거움과 유익을 주며 하나님 보시기에 아름답게 보이도록 살기를 바란다.

양희은이 불렀던 '인생의 선물'이란 노래의 가사가 마음에 와 닿는다.

봄산에 피는 꽃이 그리도 그리도 고울 줄이야
나이가 들기 전엔 정말로 정말로 몰랐네
만약에 누군가가 나에게 세월을 돌려준다 하더라도
웃으면서 조용하게 싫다고 말을 할테야
다시 또 알 수 없는 안개빛 같은 젊음이라면
생각만 해도 힘이 드니까
나이 든 지금이 더 좋아
그것이 인생이란 비밀 그것이 인생이 준 고마운 선물

봄이면 산에 들에 피는 꽃들이 그리도 고운 줄
나이가 들기 전엔 정말로 정말로 몰랐네
내 인생의 꽃이 다 피고 또 지고 난 그 후에야
비로소 내 마음에 꽃 하나 들어와 피어 있었네
나란히 앉아서 아무 말하지 않고 고개 끄덕이며
내 마음을 알아주는 친구 하나 하나 있다면
나란히 앉아서 아무 말하지 않고 지는 해 함께 바라봐 줄
친구만 있다면 더 이상 다른 건 바랄 게 없어
그것이 인생이란 비밀 그것이 인생이 준 고마운 선물.

목회 30년이 되는 해에 은퇴를 생각하다

내가 연산중앙교회 담임목사로 부임하던 때가 1985년이다. 33살의 젊은 나이였다. 해군 군목으로 제대하고 포항에서 교회를 개척하고 3년을 목회했다. 그러던 중 나도 모르게 연산중앙교회에서 공동의회를 하고 나를 담임목사로 청빙하기로 결정했다. 그래서 부임하게 됐다. 모태 신앙으로 어릴 적부터 교회 생활을 했었지만 목사로 제직회와 당회를 사회해 본 적이 없었다. 그래서 이웃 교회 선배이신 박수권 목사님께 사소한 것까지 문의해 가면서 목회를 했다.

목회는 인간관계를 하는 것이기에 어렵다. 주일예배 드리러 오는 교인들의 표정을 봐도 긴장되는 경우가 많았다. 교인의 가정에 우환질고(憂患疾苦)가 생기면 '담임목사에게 무슨 죄가 있어서 그런 것이 아닌가!' 하는 생각에 스스로 나 자신을 살피기도

했다. 살얼음판 걷는 기분으로 목회를 하면서 '내가 이 교회에서 7년을 감당할 수 있을까?' 생각했다. 한 교회에서 목회를 무난하게 10년간 할 수 있다면 그분은 목회학 석사다. 한 교회에서 20년을 무난히 목회한다면 그분은 목회학 박사다. 이런 생각을 하면서 20년 이상 목회하다 은퇴하시는 목사님을 보면 존경스러운 마음과 부러운 마음을 가졌었다.

2016년은 연산중앙교회에 부임한 지 30년이 되는 해였다. 그동안 시간 가는 줄 모르게 목회에 전념했던 것 같다. 교회당 증축, 교육관 신축, 교회 옆에 붙은 부지들을 매입하면서 드디어 숙원 사업이었던 새 성전을 짓기 위해 2007년에 대지를 사들였다. 2010년에 예배당을 신축하여 이전까지 했다. 교회가 설립된 지 60년이 되어 가지만 내가 2대째 목사로 30년을 시무한 것이다.

연산중앙교회에서 목회한 지 20년이 지났을 때에 은퇴를 생각해본 적이 있었다. '한 교회 20년이 되면 원로목사로 추대받을 수 있는데 나도 가능할까?' 그런데 교단법이 '한 교회 20년 이상 나이가 60이 넘어야 한다'라는 규정이 있다는 것을 알고 더 이상 생각해 보지 않았다. 그런데 이젠 나이도 60대 중반이고 교회 시무 30년이 됐다. 그리고 목회 에너지도 어느 정도 소진됐다. '교회를 위해서도 새로운 목사님이 오시면 가속도가 붙지 않을까?'라는 생각이 들어서 은퇴에 대한 생각을 하게 된 것이다.

집에서 식사하면서 아내와 어머니께 은퇴에 관한 이야기를 했다. 어머니 윤 권사님은 내 목회의 멘토다. 어머니의 말씀이 "글쎄 몇 년 조기 은퇴한다면 계기가 있어야 하는데, 신축한 교회를 헌당하고 은퇴한다면 그것은 계기가 되는 것이고, 만일 총회장이 된다면 총회장을 마치면서 은퇴한다면 그것도 계기는 될 것인데…" 아내는 늘 목회 현장에서 교인 편에서 야당의 발언을 한다. 근데 별 말이 없다. 그래서 은퇴를 구체적으로 생각했다.

550평의 교회당 신축 부지를 마련하고 1,200평 가량의 교회당을 신축했다. 하지만 아직 은행의 부채가 많이 남아 있어서 당장 교회를 헌당하는 것은 쉽지 않았다. 그래서 총회장에 대한 생각을 마음에 두며 기도했다. 2016년 연말 정책당회를 하면서 당회원들에게 총회장 입후보에 대한 의견을 듣기 위해 조심스레 말을 꺼냈다. "본 교회서 목회한 지 30년이 지났습니다. 총회장을 마치고 교회 은퇴할 생각이 있는데 총회장 입후보를 하고 결과와 관계없이 은퇴할 마음이 있습니다. 그런데 제가 총회장감이 되는지 교회가 총회장을 배출할 그릇이 되는지 고민스럽습니다." 한 주간 정도 지난 후 선임 장로님이 찾아와서 답을 한다. "목사님! 입후보를 해 보시지요. 당회원들이 한마음으로 밀겠습니다."

그렇게 하여 2017년에 부총회장으로 입후보했다. 온 당회원들이 한마음이 되어 부족한 사람이 부총회장에 당선되는데 결정적인 역할을 했다. 약속대로 2019년 총회장을 마친 후 12월 8일에 은퇴를 했다. 좀 더 목회를 하였으면 하는 미련도 없었다. 목회에 대한 아쉬움도 남지 않았다. 다시 목회를 시작한다고 해도 더 잘 할 자신도 없다. 인생 한 번 살면 그만인 것처럼 목회도 한 번 경험하는 것으로 족하다. 그래서 은퇴한 후에 후임 목사님의 목회에 대해서 조언이나 간섭 같은 말은 전혀 할 마음도 없었다.

후배 목사님이 후배를 위해 한 마디 덕담을 해 달라고 할 때 이렇게 말했다. "있을 때 잘하세요. 나중에 …할걸 …껄 이렇게 말고."

믿음의 멘토이신 어머니

윤경희 권사님, 내 어머님이시다.

베뢰아 사람들은 데살로니가 사람들보다 더 신사적이었다고(너그러워서) 했다. 이 말은 좋은 출생, 고상한 성품, 열린 마음 등의 의미로 '잘 훈련됐다, 좋은 가문에서 잘 교육받았다'라는 것을 내포한다.

나는 어릴 때부터 어머니로부터 신앙교육을 잘 받았던 것 같다. 주일학교의 기억이 아름답게 남아 있다. 매 주일마다 주일학교, 오전예배, 오후예배, 수요예배까지 빠짐없이 출석했다. 주일 오후와 수요예배 때 주일학교 선생님이 들려주던 성경인물 이야기는 얼마나 재미있었던지! 내 기억으로 수요예배에 참석하는 아이들은 몇 명 되지 않았던 것 같았는데 나는 거의 빠지지 않고 참석했다. 크리스마스 성극 준비한다고 추운 일기 속에 교회에서 성극연습 마치고 밤하늘에 총총한 별들을 보면서 골목길을 지나 집으로 돌아왔던 추억도 새롭다.

내 이마에는 지금은 희미하나 오랫동안 남아 있던 자그만 흉터가 있다. 주일학교 예배를 마치고 집으로 돌아오는 중 뛰어오다가 집앞 골목길에서 넘어져 뾰족한 돌에 찍혀 피가 쏟아진 상처다. 급히 동네병원에 가서 꿰매고 처치를 했으나 오래도록 훈장처럼 이마에 흔적을 남겼다. 어머니로부터 어릴 때 주일 예배에 절대 빠지지 않도록 교육을 받았다. 이것은 초·중·고 학생 때까지 교회가 나의 삶의 공간이 되게 했던 것이다.

신앙은 교육에서 비롯된다. 어릴 때 가정에서 듣고 보고 배운 것이 평생토록 간다. 모세는 어머니 요게벳으로부터 여호와 하나님에 대한 것을 들었다. 젖을 뗀 후 왕궁으로 옮겨갔지만 나이 마흔 장년이 된 후에 이스라엘 동포가 매 맞는 것을 보고는 의로운 분노가 속에서 치밀어 올라 애굽 사람을 죽이고 왕궁에서 도망하였다가 출애굽의 지도자가 됐다.

경험은 최고의 학습이다. 배운 것을 몸소 체험케 될 때 듣고 알았던 것이 이제 확실한 나의 산지식이 되는 것이다. 모세는 시내산의 불타는 가시떨기 나무 앞에서 하나님의 음성을 듣고 전능하신 하나님을 체험하게 됐다.

태어나서 자란 못골의 우리 집은 꽤 너른 땅을 가진 집이었다. 마당엔 아주 물 맛 좋은 우물이 있어서 동네 사람들도 이용했다. 그 기와집은 학교 선생님이었던 아버님 학교의 사택으로 한 10여 년 그곳에서 살았다. 그런데 그 집에 살았던 사람들은 멀쩡하게 있다 죽곤 해서 이웃집 사람들이 혹 우리 집도 그런 일이 있지 않을까 염려했다는 말들을 후에 들었다.

내가 아주 어릴 때 어머니는 20대 후반으로 젊었다. 밤에 꿈을 꾸었는데, 내가 마당에 있는 우물에 빠진 꿈이었다. 놀라 일어나 내 이마를 만져 보니 열이 40도는 되었을 것 같았다는 이야기다. 어머니는 사도신경을 외우면서 기도를 시작하는데 처음엔 사도신경도 입에서 나오지 않고, 몇 차례나 막히더니 나중엔 집앞 골목에서도 들릴 정도의 소리를 내면서 땀에 흠뻑 젖도록 기도하셨다. 그리고 내 이마를 만져 보니 열이 떨어져 있더란 것이다. 그뿐 아니라 여러 번 자다가 가위눌렸으나 일어나 기도하며 이겨냈다는 이야기를 많이 들었다.

이웃에 살던 일조 엄마가 어머니께 이야기했다. "인주(누님) 엄마는 예수를 믿어서 온전할 수 있었네요. 이 집에 살던 사람은 꼭 죽어 나갔어요." 소문은 크게 나지 않았지만 그 집은 흉가로 알려진 집이었다. 우리가 살기 전에 살았던 사람들도, 그리고 우리가 이사 나온 후에 살았던 사람들도 이상하게 한 사람씩 죽었던 것이다. 그 집에서 살며 온전했다는 집이 우리가 처음이었다. 그 후에도 내가 아프면 먼저 교회 목사님께 가서 기도를 받곤 했다.

연산중앙교회를 목회할 때 교회 앞에 내 큰아들과 나이가 같은 여집사의 아들이 있었다. 당시 아이의 나이는 너댓 살이 되었을까? 아이가 아프다며 기도해 달라고 데려왔다. 내 어릴 때 생각을 하며 손을 얹고 기도하고 돌려보냈다. 그 후 여집사님은 아이가 괜찮다고 연락해 왔다. 교회에서 멀리 떨어져 있어 차로 교회에 오는 어느 집사님도 새벽기도 마친 시간에 어린 아들을 아프다고 데려왔다. 새벽기도 하던 강단 기도 자리에서 아들을 앞에 두고 내 어릴 때를 생각하며 함께 기도했다. 그 후 나았다는 연락을 받았다.

"너희 중에 병든 자가 있느냐 그는 교회의 장로들을 청할 것이요 그들은 주의 이름으로 기름을 바르며 그를 위하여 기도할지니라 믿음의 기도는 병든 자를 구원하리니 주께서 그를 일으키시리라 혹시 죄를 범하였을지라도 사하심을 받으리라 그러므로 너희 죄를 서로 고백하며 병이 낫기를 위하여 서로 기도하라 의인의 간구는 역사하는 힘이 큼이니라"(약 5:14-16).

바울에게 디모데는 영적인 아들이다. 바울은 디모데의 거짓이 없는 믿음을 격려하면서 '네 외조모 로이스와 어머니 유니게'를 언급했다. 내 신앙의 멘토는 어머니이다. 어머니는 외조모 박우임 권사의 믿음을 물려받았다. 외조모님은 남편(윤갑용 장로)과 아들(윤두환 장로)과 딸들(윤경희, 윤경순, 윤경자, 윤경숙 권사)을 다 믿음의 일꾼으로 교회를 섬기게 했다.

내가 신학교 다닐 때 외가에 가면 할머니와 할아버지의 인자한 교훈을 오래 듣곤 했다 "네가 목사가 될 터이니 말하는데…" 이렇게 시작되는 설교는 오래 계속된다. 요점은 "목사는 영혼을 치료하는 의사다. 삯꾼이 되어선 안 된다. 밥벌이 위한 목사가 되지 마라. 목사는 3년이면 밑천이 드러난다." 할머니의 말씀은 내게 명심이 되었을 뿐 아니라 내가 후배 목사에게 덕담하는 내용이 되기도 했다. 부목사를 담임목사로 보낼 때 덕담하는 내용이 되기도 했다. "3년 동안은 목회를 살얼음판 걷는 것같이 조심해 전력을 다하세요. 교회가 우리 목사님은 이런 분이라는 신뢰가 생기면 그 후엔 어떤 일도 목사님을 믿고 이해하면서 함께 할 수 있습니다."

할아버지도 말씀하셨다. "교회에 문제가 생길 때 보면 목사의 범죄함으로 생긴 문제 외에는 설교가 아니라 행정에서 꼬투리를 많이 잡히더라. 교회법과 행정에 문제가 생기지 않게 하라." 그래서 목회함에 행정적인 면에 틈이 잡히지 않도록 젊을 때엔 선배 목사님의 조언을 많이 받았다.

어머니의 고향은 진주이다. 진주고녀(진주고등여학교) 3학년인 1944년까지 진주에서 살았다. 그리고 4학년 때 외할아버지가 포경사업차 포항으로 이사했기에 포항고녀를 졸업했다. 머리가 영특하여 소학교 11살 때 담임인 일본 선생님이 집에 가정방문을 오면 선생님의 말을 일본말을 모르는 할머니께 통역을 했다. 그 일본어 실력은 내가 연산중앙교회를 목회할 때도 여실히 발휘됐다. 일본 개혁파 중부중회 교회들과 자매 관계를 맺고 일본 목사님과 교인들이 올 때면 80이 넘은 나이에도 일본어 통역을 하였기에 일본 교회들과 원만한 관계를 맺게 됐다. 77세 때는 1종보통 운전면허를 취득했다. 아내도 자극을 받아 시어머니에게 질세라 운전면허를 땄다(둘 다 장롱면허로 20년 무사고 운전이다). 동생들은 내가 어머니를 제일 많이 닮았기에 서울까지 도보여행을 하고, 미국을 횡단한다고들 말한다.

어머니는 제일영도교회 권사님이시다.

아버지의 전근으로 인해 영도로 이사 간 것은 1964년 가을이었다. 그리고 출석한 교회가 제일영도교회(박손혁 목사)였다. 영도는 좋은 추억이 있는 곳이기도 하지만 가장 힘든 시기를 보낸 곳이기도 했다. 영도로 이사 간 지 2년 후 아버님은 고혈압으로 쓰러져 몸의 반신을 쓸 수 없는 지경이 됐다. 말도 잘할 수 없었다. 아버님 나이 45세, 어머니 38세 때다.

내가 중학생이고, 누님은 고1 이었고, 동생 둘은 초등학생, 막내는 6살 이라 학교에 들어가기도 전이었다. 남편을 간호한다고

정신없던 어머니는 생계와 아이들을 공부시키는 문제가 닥치자 교육보험 외무사원으로 뛰어들었다. 나는 목회하면서 보험하시는 여집사님들을 대하면 옛 생각이 나서 거절치 못한다. 어머니는 힘들고 괴로울 때 그 좁은 방에 식구들을 두고 여러 밤들을 제일영도교회 예배당 마루 바닥에서 눈물 기도로 밤을 지새우셨다. 그리고 새벽기도 후 집에 와 식사를 마련하고 출근하셨다. 그런데도 무슨 힘이 생기는지 다음날 일하는 것이 피곤치 않았다는 것이다. 제일영도교회엔 기도하는 집사님들이 몇 분 계셨다. 후에 들은 이야기로 그때 같이 기도하던 어느 여집사님은 잠깐 졸다 어머니가 기도하는 소리를 들으면서 "하나님, 내 기도보다 윤 집사 기도 들어 주세요"라고 중보기도까지 했다는 것이다.

　　내가 연산중앙교회 담임목사로 교회 내 사택에 살 때 어머니를 모셔와 지금까지 함께 산다. 그런데 어머니는 아직도 제일영도교회 교적에 은퇴권사로 있다. 연산중앙교회 담임목사집에 제일영도교회 교구담당 부목사가 심방을 오는 것이다. 어머니는 "내가 제일영도교회를 떠날 수 없는 것은 그 예배당에 내 눈물의 흔적을 잊을 수 없기 때문이라"고 하신다. 마치 삭개오가 뽕나무 아래에 수시로 찾아가는 것이 자기를 처음 만나 주시던 예수님을 회상하고 다시 힘을 얻는 것과 같은 이유일 것이라 생각한다.

　　나는 은퇴한 지금도 한 달에 한 번 첫째 주 주일예배는 어머니를 모시고 아내와 함께 제일영도교회 1부예배(9시)에 참석해 은혜를 받는다. 그리고 새벽 혼자 기도하는 시간에 제일영도교회를 위해 기도한다. "이 교회의 큰 그늘 아래 위로받는 이들이 많게 하소서. 특히 작은 교회의 목사님들, 선교사들에게 힘이 되는 장자교회가 되게 해 주소서"라고 기도한다.

은퇴한 지금 연산중앙교회의 새벽기도에는 가지 않는다. 그러나 평생 새벽이면 일어나는 습관이라 4시만 되면 아내와 수영강변을 1시간 걷는다. 그리고 벤치에 앉아 묵상기도를 하고 집에 들어오면 6시쯤 된다. 내가 집을 나설 때쯤이면 어머니는 일어나 방에 불을 켜고 기도하신다. 그리고 아침 먹는 7시까지 방에서 성경을 읽으신다. 목사의 멘토되는 어머니. 근데 매주일 아들 목사의 설교를 들으며 은혜가 된다고 격려하는 어머니. 이런 어머니를 모시고 사는 것이 나의 복이다.

"자녀들아 너희 부모를 주 안에서 공경하라 … 이는 네가 잘되고 땅에서 장수하리라"(엡 6:1-3)고 했는데 이 말씀은 참이다. 효도는 가르치는 것이 아니다. 보고 배우며 깨닫는 것이다.

가시면 그리워 하겠지요

가시면 그리워하겠지요.
슬퍼하진 않으렵니다.
가셔도 떠나진 않았습니다.
마음엔 더 크게 남아 있을 테니까요.

다시 볼 순 없지만 항상 보이고
함께한 흔적에서 향취를 느끼죠.

가시면 그리워하겠지요.
울지는 않을 겁니다.
가시면서 남긴 것이 많이 있네요.
새벽에 일어나 그것을 봅니다.
말하고 싶을 때 보여 주고 싶을 때
그리움에, 아쉬움에 남긴 것을 새깁니다.

가시면 그리워하겠지요.
그리움을 품고 길을 떠납니다.
혼자 가는 길입니다.
슬퍼 울지 않고 가렵니다.
그 길의 끝에서 기다리고 계시겠죠.
다시 만날 생각에 그리움이 더 커지네요.

가시면 슬퍼 울진 않겠지만
더욱 그리워지기에
그리움이 눈물 되어 앞을 가립니다.

2021년 8월 8일 주일 이른 새벽에 어머니를 생각하면서 지은 시.

나이 들수록 생각나는 아버지

한국에 기독교가 전래된 시점을 1885년으로 말한다. 장로교 언더우드 선교사와 감리교 아펜젤러 선교사가 들어온 해다. 언더우드는 연희전문학교를 세웠고 아펜젤러는 배재학당을 설립했다. 배재학당이란 인재를 양성한다는 뜻으로 배(培) 재(材) 학당이다. 1910년 한일 합방 이후 일제는 배재학당이라는 이름을 허락하지 않았기에 배재중학교(6년제)로 학교 이름을 개명했다.

아버지의 고향은 함경도 북청이다. 1922년생인 아버지는 배재중학교에 응시하여 합격하고 서울로 유학을 하게 됐다. 아버지는 배재중학교 졸업 후 보성전문학교로 진학한다. 연희전문학교와 함께 한국의 고등교육기관으로 있던 보성전문학교는 해방 후 1946년 고려대학교로 교명을 바꾸었다. 보성전문학교 재학 중 아버지는 학도병으로 징집되어 만주에서 중일전쟁에 참전하면서 학업이 지연되었다. 1947년에 어머니와 결혼한 후 아버지는 고려대학교 학생으로 졸업을 했다.

선교사들이 한국에 끼친 영향은 지대하다. 그리스도의 복음을 전한 것만 아니라 나라를 위해 인재를 양성하기 위한 교육기관을 세웠다. 학교 교육에서는 학문뿐 아니라 스포츠, 음악교육 등도 병행했다. 야구와 농구 등도 선교사들을 통해 전해졌다. 아버지는 학교에서 음악부에 가입하였고 운동도 취미가 있었다. 전후 1950년대 한국은 비참했다. 그런데도 겨울에 대연동 꽁꽁 언 저수지에서 스케이팅을 하시던 것을 기억한다. 또한 1954년 여름엔 광안리 해변에서 텐트를 치고 한 살 되는 나와 누님, 어머니와 함께 한 주간 동안 야영을 한 일도 있었다. 부산공고 교사 시절에는 부산공고 럭비부가 있었는데 럭비부 감독(책임교사)을 하셨다. 럭비 연습경기를 할 때 따라가서 구경을 한 기억도 선명하다.

아버지는 1947년(당시 26세)에 결혼을 하셨는데 당시 서울 새문안교회 세례교인이었다. 할아버지는 새문안교회에서 집사로 계셨다. 새문안교회 목사님(김영주 목사 6.25전쟁 중 납북 후 순교)이 아버님을 좋게 추천해 주셔서 결혼하게 되었다는 말을 어머님을 통해 들었다.

아버님의 세대가 한국 역사에서 가장 암울한 시대였다. 일제 치하에 있었기에 보성전문학교 다닐 때 학도병으로 끌려가 만주에서 중일전쟁에 참전했다. 해방 후 결혼하여 부산공고 교사로 재직하던 중 6·25 사변을 맞아 징집되어 UN군에 배속됐다. 그리고 역사적인 인천상륙작전에 참여했으며 장진호 전투에서 구사일생으로 살아나 부산에 도착해 집에 들어설 때는 실성한 사람처럼 보였다고 한다.

어릴 때 아버지에 대한 생각은 양면이 있었다. 좋은 아버지로서 기억이 많다. 좋지 않은 면은 술을 많이 드셨다. 막걸리를 한 말 지고 가라면 못 가도 마시고 가라면 갈 수 있는 분이다. 아버님이 술을 드시고 집에 들어오면 집안 분위기가 긴장이 된다. 그래서 당시에 많지 않은 봉급으로 술값과 친구들 때문에 어머니 고생이 많으셨다. 밤 늦게 술에 취해 들어오시는 것이 어린 마음에 상처가 됐다. 이제 의학적인 용어를 알고 보니 아버지의 행동은 '외상 후 스트레스 장애'(PTSD, post traumatic stress disorder)였다. 전쟁, 천재지변, 고문 등 생명의 위협을 받는 심각한 사건을 겪은 후 심각한 트라우마가 나타나는 증세다. 그러니 중일전쟁과 6·25 장진호 전투에서 죽을 고비를 넘긴 후 생긴 트라우마를 술로 해결하려고 하셨던 것 같다.

아버지는 식구들과 식사를 하면서 꼭 식사기도를 한다. 할아버지 산소에 성묘가서 벌초를 한 후도 기도를 드린다. 그런데 학교 교사로 재직하던 때는 술 때문인지 교회 예배에 출석하지 않았다. 1966년 12월 아버지 나이 45세 때 고혈압으로 쓰러지셨다.

어머니 나이 38세 때다. 오른쪽 반신마비에 말도 잘 안 된다. 회복은 어려웠지만 부축하여 조금 걸을 수 있게 되자 제일영도교회 주일예배에 참석하게 됐다. 어머니는 아버지를 부축하며 걸을 때 남의 이목에도 부끄러움은 없고 웨딩마치 한다는 생각으로 예배에 참석했다. 아버지의 병환은 가족에게는 불행이었으나 영적인 측면에서는 하나님의 사랑의 채찍이었다. 하나님의 자녀가 어떤 이유에서든지 믿음에서 떠나 살면 하나님은 주의 지팡이와 막대기로 때리시면서도 다시 성도의 자리로 돌아오게 하신다는 것이다.

"징계가 당시에는 즐거워 보이지 않고 슬퍼 보이나 후에 그로 말미암아 연달한 자에게는 의의 평강한 열매를 맺나니 그러므로 피곤한 손과 연약한 무릎을 일으켜 세우고 너희 발을 위하여 곧은 길을 만들어 저는 다리로 하여금 어그러지지 않고 고침을 받게 하라"(히 12:11-13).

영도에서의 10년 생활은 눈물 골짜기였다. 어머니, 아버지, 7식구가 드리는 가정예배는 눈물의 기도 시간이었다. 돌이켜 보면 하나님은 그때의 기도를 기억하시고 응답하셨던 같다. 연세대 음대에 다니던 누님이 방학 때 내려와 가정예배를 할 때 식구들이 4부로 나누어 찬송을 불렀는데 이웃 교인들이 우리 집 아파트 복도 문 앞에 서서 듣고 은혜를 받았다는 말을 후에 어머니에게 전하기도 했다. 내가 목사가 된 것도 아버지의 병환이 계기가 되었을 것이다. 일제 치하에서 학도병으로, 그리고 6·25전쟁의 끔찍한 참상을 겪고 아버님은 18년 동안 투병 생활하시다 주님의 날개 아래 안식하게 되셨다.

내 나이 이미 고희를 넘었는데 시간이 지날수록 63세에 돌아가신 아버지가 더욱 생각난다. 지금까지 살아 어머니와 함께 계셨더라면…

당신은 천사요

올해가 결혼 45주년 되는 해다. 5년 후면 금혼식이 된다. 아내는 하나님께서 나에게 주신 최고의 선물이다.

내가 신학교 다닐 때 결혼에 대해 가진 생각은 두 가지였다. 하나는 신학공부를 다 끝내고 목사가 되기 전에는 결혼해야 한다는 것이었다. 또 하나는 내 아내는 룻과 같은 여인이면 좋겠다는 것이었다. 5남매를 눈물의 기도로 키우신 어머니를 성심껏 봉양할 수 있었으면 하는 마음이었다. 신학교 3학년 때 성북교회(새부산진교회)를 담임하시던 김정곤 강도사님의 소개로 6월에 만났다. 그리고 12월에 내가 전도사로 섬기고 있던 삼일교회에서 최해일 목사님의 주례로 결혼식을 올렸다. 아내와 연애하던 초기에 내가 한 말은 "나는 결혼한 후에도 어머니를 모시고 어머니 중심으로 살 것입니다. 그리고 어머니가 돌아가시면 아내를 중심으로 살 것입니다"였다. 요즘 이런 말을 듣고 시집올 여자가 어디 있겠나? 그리고 당시 우리 집의 경제적인 형편은 내 세울만한 것이 아무 것도 없었다. 그런데 아내는 별 대수롭게 여기는 것 같지 않았다.

나는 결혼 후 4개월 만에 군목으로 입대했다. 아내는 남편 없는 시집생활을 3년 동안 했다. 그것도 간호대학 교수 생활을 하면서 받는 월급을 고스란히 어머니께 드리면서 불평 없이 모셨다. 연산중앙교회의 담임목사로 부임하면서 3년 정도를 어머니는 동생 집에 계셨다. 그 후 지금까지 어머니를 모시고 함께 살고 있다. 이제 어머니 나이 95세, 아내도 고희를 지났건만 금번에 요양 4등급을 받은 어머니를 위해 아내는 간호사이지만 요양보호사 자격을 얻기 위해 등록하여 지금 공부를 하고 있다.

아내는 외할머니의 믿음의 영향으로 어릴 때부터 유년주일학교에서 신앙교육을 받았다. 지금도 어릴 때 이야기를 하면 내가 살던 대연동과 아내가 살았던 좌천동의 삶의 모습이 어떻게나 비슷한지 말하면서 서로 웃곤 한다.

장인은 어릴 때 홀로 일본으로 가서 주경야독 독학으로 일본 고등고시를 합격한 후 한국에 돌아와 후에 동아대 법대 교수를 하시다 뒤늦게 변호사 개업을 하셨다. 딸이 전도사와 결혼한다는 말에 어떻게 먹고 살겠느냐고 걱정하시면서도 너의 인생이니 잘 생각해서 하라고 반대는 안 하셨다. 장모님은 남편이 교회를 나가지 않으니 교회생활을 못했다. 큰 처남은 우리가 결혼한 다음 해에 믿음의 아내를 만났다. 결혼과 함께 열심히 신앙생활을 함으로 10년 만에 수원 농천교회 장로님이 되셨고 벌써 원로장로로 은퇴하셨다.

아내는 요즘 새벽에 수영강변을 나와 함께 걷는다. 근데 아내는 항상 나보다 뒤처진다. 한 걸음이라도 앞서는 경우가 없다. 아내는 내가 목회할 때도 늘 그랬다. 나보다 한 발 앞선 경우가 없었다. 가정생활에 있어서도 자신이 결정할 수 있는 일이라도 내 의견을 먼저 묻는다.

아내가 어머니를 모시고 함께 산 기간이 40년을 훌쩍 넘었다. 교회서 매월 사례비가 나오면 아내는 십일조 헌금을 먼저 뗀다. 다음에 십일조에 준하는 금액을 떼어 봉투에 담아 내게 준다. 내가 직접 어머니께 드리라는 것이다. 며느리가 아니라 아들이 직접 전해야 된다는 것이다. 은퇴한 후인 지금까지 계속되고 있다.

젊었을 때 시어머니 모시는 일에 피곤한 내색을 하면 그 마음을 위로해 주고 녹여 주지 못하고 '시어머니 모시지 않는 자식이 어디 있나?'라고 윽박질렀던 것이 아내에게 미안하고 죄스럽다. 고희를 지나면서 요즘 피곤한 기색을 표하면 지금은 아내의 마음으로 들어가 체휼하며 공감해 준다.

아내는 세 남자를 군에 보냈다고 여러 번 자랑한다. 결혼 직후 남편을 해군 군목으로, 그리고 두 아들을 대장보다 높은 병장으로 제대 시켰으니 말이다. 그래서인지 병든 몸으로 한 5년 함께 살았던 시아버지의 6·25 참전에 대한 이야기를 어머니에게서 여러 번 듣고 기록으로 정리해 두었다. 부산공고 교사로 계시던 아버지가 징용되어 유엔사에 배속되어 9·28 수복과 장진호 전투

에 참전하고 구사일생 시체를 덮어쓰고 살아 돌아온 것에 대한 기록이다.

은퇴 후 연산중앙교회의 설교 부탁을 받아 설교하면서 "나는 지금 천사와 함께 살고 있습니다"라고 아내를 칭찬했다. 목회할 땐 하지 않았던 워딩이다. 그런데 단순한 립서비스가 아니다. 요즘 집에서 아내에게 늘 하는 말이다. "당신은 천사요!" 이 소리는 철들자 노망하는 소리가 아니라 가슴에서 우러나는 소리다. 아내는 하나님이 내게 주신 최고의 선물이다.

아내가 쓴 시아버님의 6·25 참전기
- 부친의 한국 전쟁(6·25 전쟁) 참전기-

　　이 글은 한국 전쟁의 산 증인인 모친의 구술을 토대로 정리되었으며, 또한 한국 전쟁사를 참고하였음을 밝힌다.

　　부친(26세)과 모친(19세)은 1947년 5월 13일에 결혼하여 1949년 2월 첫아들 원복을 얻었다. 전쟁이 발발할 당시 첫아들 원복은 돌 지난 지 얼마 되지 않았고 모친은 둘째를 임신하고 있었다. 1950년 6월 25일 전쟁이 터지고 7월이 되자 모친은 진주에 계시는 부모님이 걱정됐다. 그 당시 포항으로 이사하였던 부모님은 둘째 딸(동래 이모)의 결혼 후 다시 진주로 이사와 있던 상황이었다. 병원 이모는 경남여중 3학년으로 부산 큰언니 집에서 학교를 다니고 있었는데 방학하여 먼저 진주로 갔었다. 외삼촌은 진주고등학교 2학년이었다. 정확히는 모르겠지만 모친은 부친이 재직 중이던 학교(부산공고)가 방학을 하기 전(전쟁으로 일찍 방학했다고 들음) 홀로 아들을 업고 부산진역에서 기차를 타고 진주로 갔다. 진주에는 동생인 동래 이모가 혼자 와 있었는데 배가 불러 있었다(이 아이는 그해에 사산됐다). 1948년 결혼한 동래 이모는 당시 대구 시댁에서 살고 있었다(그 후 동래 이모부도 징집되어 부산 모 부대에 소속되어 있는 것을 확인했다).

진주로 간 지 닷새 만에 진주 30리 밖으로 3일간 피해 있으라는 공고를 듣고 큰고모 집으로 해서 더 깊은 산골 하바골로 가서 9월 25일 진주를 떠날 때까지 그곳에 머물며 피신했다. 이 기간에 진주는 공산군에 점령되었고 이들을 타격하기 위해 미 공군기는 폭격을 계속했다. 밤낮으로 이불을 뒤집어 쓰고 밤에도 불을 못 켜는 상황이 계속됐다. 양식 또한 귀해 보리로 연명했다. 할아버지는 어린 손자를 위해 흰 쌀을 구하려고 애썼다. 그럼에도 아이는 설사와 영양실조로 많이 약해져 갔다. 그 사이 부친은 7월 하순 우연히 동사무소에 들렀다가 거기서 징집을 당해 (당시 29세) 유엔군으로 들어갔다. 일본에서 훈련을 받고 9월 15일 인천상륙작전을 수행했다(작전명 크로마이트 : 필자 추측으로 부친은 미 해병 1사단에 소속되었으므로 돌격 상륙부대로 선봉에 섰을 것으로 생각됨). 이 작전이 성공함으로써 공산군은 패퇴하기 시작했다. 진주는 활기를 되찾고 태극기를 흔들며 연합군을 환영하는 인파로 넘실거렸다.

모친은 부산으로 가기를 원했고 추석 전날인 9월 25일 떠나기로 했다. 이에 모든 식구들이(8명) 간단히 짐을 챙겨 부산을 향해 출발했다. 걸어서 진동까지 왔는데 진동고개를 넘어오니 시체 썩는 냄새가 진동했다. 임산부인 모친과 배가 남산 만한 이모는 발톱이 새까맣게 됐다. 끝내 발톱이 빠졌다. 저 멀리 마산 불빛을 보니 눈물이 나오고 더 이상 걷기가 힘들어 주저앉았다. 다행히 미군 트럭을 얻어 타고 마산에 들어와 1박을 하게 됐다. 26일 마산서 기차를 타고 부산 좌천동 집에 도착했다. 집에 와 보니 온통 피난민들이 들어와 난리였다. 그 당시 집을 지키고 있던 옥분이라는 일하는 여자 아이로부터 '아저씨 군에 갔어요'라는 말을 듣고야 부친이 군에 간 줄 알게 됐다. 다음날 온 동네 사람들이 집에 몰려와 "이 집에 어찌 이런 일이 있노. 화약을 지고 불구덩이로 들어갔제." 하는 소리를 들었다. 그런데 그날(26일) 부친이 하루 외출을 받아 집에 오게 되어 극적인 가족 상봉이 이루어졌다.

당시 부친은 미 해병 1사단에 편입되어 김해에 주둔하고 있었다고 한다. 이날 부친의 외출은 징집된 지 50일 만에 처음 외박 나온 것이다. 다음날 부친은 부대로 복귀했다. 부모님은 더는 진주로 가지 않고 부산에 정착하게 됐다. 그 후 부친으로부터 전갈이 왔다(우편인지 인편인지 확실치 않음). 10월 25일 부산 부두에서 원산으로 가는 배를 타고 함경도로 전쟁하러 간다고 했다. 모친은 아들을 업고 부두로 나갔으나 부친을 만날 수는 없었다. 환송 나온 많은 사람들과 배 위의 많은 군인들만 볼 수 있었다. 10월 하순이었지만 따뜻했다.

EAST OF JANGJIN (CHOSIN)

이후의 기록은 한국 전쟁사를 참고로 한다.

10월 25일 부산항을 출항한 배는 26일 원산항에 도착해 11월 2일 함흥 북방 수동에서 중공군을 물리치고 진격을 계속하여 신흥리와 황초령을 거쳐 고토리를 점령했다. 11월 16일에는 장진호 남단 하갈우리에 도착했다. 평안도 청천강 이북까지 진격했다가 이들을 첩첩히 포위한 중공군을 만나 방어하는 가운데 일어난 전투가 그 유명한 장진호 전투(Chosin Reservoir Battle)다.

11월에 중공군은 항미원조(抗美援朝)의 캐치프레이즈를 내걸고 한국 전쟁에 개입하기 시작했다. 전세는 12만 명 대 1만 5천명이었다. 이 전투는 세계 2대 동계전투로 기록될 만큼 치열한 전투였다. 1950년 11월 27일-12월 13일까지 공식 기록된 이 전투의 사상자는 연합군은 3,637명, 비전투 사상자는 3,657명, 이 외에도 많은 실종자가 발생했다(그중 한국인은 70명이 싸웠는데 12명만 생존했다고 한다. 이는 부친에게서 들은 바다). 중공군이 포위한 장진호 계곡을 빠져 나오기 위해 영하 30-40도의 혹한 속에서 2주간 사투를 벌인 전투이다. 결국 12월 9일 철수 명령이 떨어졌다. 퇴각하는 길에 전사자의 시체를 덮어쓰고 몸을 피하기도 하는 죽을 고생 끝에 12월 11일 최종 부대가 함흥에 도착했다. 이들은 흥남철수작전(12월 14-24일) 속에 동해상으로 무사히 철수하게 됐다.

부친이 함경도로 올라간 후 몇 차례 편지 왕래가 있다가 소식이 끊어져 전사한 것으로 모두들 생각하고 있었다. 12월 어느 날(성탄절 전인 것은 확실함) 부친이 살아서 돌아왔는데 집에 군화를 신은 채 방으로 들어온 것이 마치 실성한 사람 같았다. 부친이 술잔을 앞에 두고 "우리 기도합시다"라고 했다는 일화는 그 후 외삼촌을 통해 전해 들었다. 부친은 그 후 복직하여 학교 근무를 하게 됐다.

  * 후기 : 일제 강점기에 출생해 온갖 전란을 몸소 겪으신 부친은 1966년 12월 13일(45세 때) 뇌졸중이 발병해 그후 20년 가까운 투병생활을 하시고 1984년 4월 3일 63세를 일기로 질곡의 삶을 마감하시고 소천하셨다.
  * 장진호 전투 후기 : 이 전투를 미국 전쟁사에는 패배한 전투

로 기록하고 있다. 올리버 사령관에게 종군 기자가 물었다. "패배하여 후퇴하는군요?" 사령관은 "패배라니요? 우리는 새로운 방향으로 공격 중입니다"라는 유명한 말을 남겼다.

* 장진호는 함경남도 장진군에 있는 인공댐 호수인데 당시 일제 강점기에는 일본 지도밖에 없어서 일본어로 장진(長津)을 초신이라고 기록하였기에 미국인들은 장진을 Chosin 이라고 불렀다. 중공군의 인해전술로 후퇴하여 장진호 전투에서 살아남은 사람들이 1983년에 함께 모여 그들 자신을 Chosin Few(적은 수만 생존했다고 해서)라고 명했다. 당시 전투는 중공군의 인해전술과 영하 40도를 밑도는 혹한 속에 많은 연합군 병사들이 동사하였고 생존자 중에서도 동상으로 인한 상이용사 된 사람들도 많았다.

2013년 겨울 그날이 될 때 이 전투를 그린 '혹한의 17일'이 영화로 되어 나왔다. 아직도 끝나지 않은, 전쟁이 멈춘 지 60년이 되는 2013년 4월에.

전쟁의 상흔이 한 사람을 피폐하게 만드는 과정을 안타까움을 가지고 들으면서 후손들이 기억하기를 원하는 마음으로 이 글을 남긴다.

* 2013년에 아내가 기록으로 남긴 것이기에 시간이 지났지만 그대로 기술한다.

국립 미 해병대 박물관 (버지니아주 퀀티코시)에 있는
장진호 전투 기념비 앞에서

생일 선물 - 허리 수술

아침 식사로 병원에서 나온 밥을 먹는데 미역국이 나왔다. 그러고 보니 오늘이 3월 9일 66회 내 생일이다. 어떻게 병원에서 내 생일을 알았을까? 이런 생각을 하면서 감사한 마음으로 식단을 다 비웠다. 그리고 잠시 후 링거 꽂은 지지대를 손에 들고 병원 복도를 한 바퀴 돌 생각이다. 고신대학교복음병원(복음병원)에 입원을 한 것은 어제 정오경이었고, 허리 수술을 한 것은 어제 오후 6시경이라 수술 마치고 병실에 돌아온 것은 9시경 되었을까?

허리디스크 증세를 느끼고 여러 차례 고생을 한 것이 근 20년 가까이 된 것 같다. 통증을 심하게 느낄 때도 자가 요법으로 집에서 안정을 하고 진통제를 먹으며 넘어가곤 했다. 그런데 지난 한 달여 간은 여간 힘든 것이 아니었다. 급기야 수술 전날 밤은 자다가 방 옆에 있는 화장실을 가려다가 방바닥에 벌렁 쓰러졌다. 발에 힘이 없어 전혀 걸을 수가 없었다. 날이 밝아 강도사님을 불러 차로 병원을 가려는데 아파트 엘리베이터에서 내려 겨우 한 5m 정도 걷다가 또 바닥에 쓰러졌다. 병원에 도착해 휠체어를 타고 응급실을 통해 입원을 하자 곧 MRI촬영을 하고, 긴급히 수술하지 않으면 하반신 마비가 올 수 있다는 말을 듣고 병원에 도착하여 채 6시간이 되지 않아 수술실로 들어가게 된 것이다.

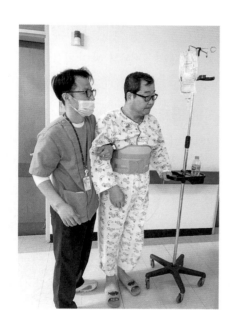

집도한 의사 선생님은 복음병원 정형외과 김창수 교수님이다. 로봇 수술로 척추에 동전 크기 만한 구멍을 내고 신경을 심하게 짓누르고 있던 디스크를 제거하였는데 제거 순간 짓눌려 있던 신경이 서서히 펴지면서 회복되는 것이 보이더란 이야기를 했다. 내 수술은 아주 성공적이었다. 수술 다음날부터 복도를 걷는 운동을 하라는 말을 듣고 그대로 열심히 걸었다. 딱 1주일 만에 퇴원을 했다. 그리고 집에서도 계속 학교 운동장을 걷는 운동을 했다. 수술한 지 보름 정도 지난 후 허리 보호대를 차고 손자의 첫돌 잔치에 참석했다. 수술 후 3주 정도 지났을 때 통합기념교회(한마음교회)의 기공예배를 인도하기 위해 기차를 타고 광명역을 왕복했다. 총회장을 마친 다음해 11월에는 서울서 3박 4일 동안 걸어서 수안보 온천까지 도보여행을 했다. 허리 수술은 큰 수술로 예후가 좋지 못한 경우가 많아 사람들이 망설인다. 그런데 내 경우에는 허리 수술하고 한 주간 병원에 입원한 것으로 끝이 났다. 마치 감기로 한 일주일 정도 앓아 누운 정도처럼… 하나님이 나에게 주신 생일 선물이었다.

병원에 입원해 있으면서 이런 생각을 했다. '무엇이 가장 소중한가?' 수술하지 않아 만일 디스크가 신경을 눌러 하반신을 마비시켰다면 나는 휠체어 타고 생을 마쳤을 것인데… 나에게 많은 재산이 있다면 그 많은 재산을 가지고 휠체어 타고 생을 마치는 것이 나을까? 재산은 없더라도 건강한 다리로 걸으면서 여생을 지내는 것이 나을까? 두말할 필요가 없었다. "하나님! 건강하게 해주시면 내 모든 것 드리겠습니다." 그래서 퇴원한 다음 주일예배 때 교회에 내가 드릴 수 있는 모든 것을 아낌없이 헌금했다. 그것도 부족해 연말까지 더 드리겠다고 상당한 금액을 작정까지 하고 실행했다. 하나님이 그 마음을 받으셨을까 완전히 회복시켜 주셨다. 사지가 멀쩡하다는 것이 얼마나 큰 복인가를 깨달은 생일 선물이었다.

고신총회장, 한교총 회장

한국 교회는 선교 초기부터 연합운동에 힘을 썼다. 선교사들은 하나의 조선 교회를 세우자는 뜻에서 선교부 연합공의회를 설립했다(1905년). 그러나 교파별로 하나의 교단을 설립하는 데 그쳤다. 그러나 해외(하와이, 동경)에 교파의 구별없이 하나의 한인교회가 설립되면서 조선예수교 장감연합협의회가 결성됐다(1918년). 이어 조선예수교 연합공의회가 창립됐다(1924년). 공의회는 한국 교회 각 교단, 선교사 단체, 기독교 단체 등을 포괄하게 됐다.

한국 교회 연합운동은 기독교교회협의회(KCCK)를 중심으로 진행되어 오다 1989년에 한국기독교총연합회(한기총)의 창립으로 새로운 길로 접어들었다. 당시 한기총은 교단들만을 회원으로 하는 연합기관이 아니라 주요 교회의 지도자들이 중심을 잡

고 교단과 단체들이 참여하는 형태로 시작됐다. 그러나 수장을 선출하는 일에 지나친 경쟁으로 물의를 일으키기도 했다. 대표로 선출된 인사가 임의로 운영하거나 각 교단과 상관없이 교단의 상위 기관처럼 이단에 개입하는 등 지나친 운영으로 한국 교회에 부담을 주기도 했다. 더 나아가 주도권을 둘러싸고 용역을 동원하거나 법정 다툼을 벌이는 일까지 있었다. 이에 연합기관의 통합을 위해 노력했으나 여의치 않자 오랜 숙고 끝에 새로운 연합기관이 창립되게 됐다. 같은 신학과 신앙을 고백하는 교회가 모여 조직된 것이 교단(총회)이다. 교단들이 연합한다는 것에는 서로 존중하며 사사로운 이해 관계를 버리고 특정인의 전횡을 피해 공교회의 의사를 존중해야 한다. 그러기 위해 명분과 절차도 정당해야 한다.

한국교회총연합회(한교총)의 출발은 이러한 연유로 기존 한기총에 가입되어 있던 주요교단들이 한기총에서 탈퇴하였고 한국기독교 교단장들이 중심이 되어 2017년 1월 9일 한국교회총연합(한교총)이 출범하게 된다. 2017년 12월 5일 한국교회총연합이란 명칭으로 제1회 총회를 개최했다. 제1회 총회 시 대표회장으로 통합측 최기학 목사, 합동측 전계현 목사, 감리교 전명구 목사, 순복음 이영훈 목사를 선출했다.

2018년 12월 한교총 제2회 총회는 내가 고신총회장이 되고 3개월 후였다. 한교총 대표회장으로 합동측의 이성희 목사, 침례교의 박종철 목사와 함께 내가 3인 공동대표회장에 선임됐다. 이는 전혀 생각지 못했던 일이다. 내부적으로 여러 사정이 있긴 했으나 본 교단의 사무총장인 이영한 목사의 노력이 지대했다고 생각한다. 3인 공동회장이 서로 의논한 결과 4개월씩 책임회장으로 섬기기로 하고 나는 8월부터 마지막 4개월을 봉사하기로 정했다.

신학교 다닐 때 나는 고신교단은 본거지가 부산 경남을 중심한 영남권이기에 서울에서 개최되는 부활절 연합예배 등 기독교 연합 모임에서 늘 소외되곤 하는 것이 아쉬웠다. 그래서 내가 총회장이 된 후 연합회에 참여하고 기여할 수 있는 기회가 왔을 때 경제적인 부담이 있음에도 주저없이 대표회장을 승낙했다. 물질은 하나님이 주시는 것이고 돈은 써야 할 때 합당하게 써야 한다는 생각에서 주저함이 없었다.

다음 해인 2019년 부활절 연합예배는 여의도순복음교회에서 개최됐다. 나는 고신총회장이었지만 한교총 대표회장으로 연합예배의 사회를 맡게 됐다. 신학교 때 아쉬움을 가졌던 고신교단

예배인도 김성복 목사
대한예수교장로회(고신) 총회장

의 한국교회에서의 존재감을 후배들에게 나타낼 수 있어 좋았다. 지금 한교총에는 고신교단의 사무총장 이영한 목사가 총무로 활동하고 있다. 이 목사님의 말에 의하면 연합 활동에 있어 고신의 역할이 아주 중요하게 평가받고 있다고 한다. 방향 설정에 있어 고신교단이 어떻게 생각하는가가 아주 무겁게 작용한다는 것이다.

지금 한교총은 한국 기독교의 주요 30개 교단이 다 참여하고 있다. 교회 수는 출범 당시 6만 개 한국 교회 가운데 5만 4천 개 교회가 가입되어 있다. 신도 수로는 95%의 교인들이 참여되어 있다. 2019년 한교총 출범 2회기 때 문화체육부에 기독교 법인으로 등록을 하게 됐다. 명실상부 한국 기독교를 대표하는 기관으로 정부로부터 인정받게 됐다.

청와대에서는 그동안 해마다 기독교 주요 교단의 총회장들을 청해서 대통령과 오찬을 겸한 환담을 해 왔다. 나는 고신총회장으로 이 모임에 참석했다. 그리고 청와대 회동은 또 한 번 있었

다. 정부에서 한국의 각 종단 대표를 청와대에 초청해 '종교지도
자 협의회' 모임을 가지는데 내가 대표회장으로 임기를 수행하던
4개월 중에 '종교지도자 협의회' 모임이 있었던 것이다. 기독교 대
표로 8개 종단 지도자가 참여하는 청와대 모임에 참석해 대통령
곁에서 환담하며 시국 현안과 교회의 관심 사항을 전달한 것이
기억에 새롭다.

존경 받아야 할 사람

"너는 그리스도의 좋은 병사로 나와 함께 고난을 받으라 병사로 복무하는 자는 자기 생활에 얽매이는 자가 없나니 이는 병사로 모집한 자를 기쁘게 하려 함이라"(디모데후서 2:3-4).

1. 군인은 존경받아야 할 사람입니다.

베테랑(veteran)은 퇴역 군인을 의미합니다. 베테랑의 또 다른 뜻은 한 분야에 오래도록 일하여 그 일에 관한 지식이나 기능이 뛰어난 사람으로 '전문가, 숙련자'를 뜻합니다.

미국은 군인을 존경합니다. 베테랑을 존경합니다. 비행기를 타고 가는 승객이 같이 탄 군인들이 비행기 기내식을 사 먹지 않는 것을 보고 스튜어디스에게 돈을 주면서 군인들을 대접하는 나라입니다. 6·25전쟁이 휴전된 지 70년이 지난 지금도 사망자 유해를 찾아 예를 다해 본국으로 송환하려는 나라입니다.

나라를 지키는 사람이 군인입니다. 군인은 나라에 꼭 필요한 사람입니다. 평화 시에도 필요합니다. 영세중립국인 스위스와 오스트리아도 강한 군대를 가지고 있습니다. 그러기에 제2차 세계대전 때도 국가가 보전될 수 있었습니다.

미국의 출발은 영국의 식민지 개척으로 시작됐습니다. 버지니아 제임스타운에 도착한 영국인들이 1776년 독립전쟁으로 미국을 출발시켰습니다. '천국은 침노하는 자가 빼앗느니라'는 말을 실감할 수 있습니다. 미국의 초대 대통령은 조지 워싱턴입니다. 그는 군인입니다. 독립전쟁을 승리로 이끌었습니다. 아브라함 링컨도 남북전쟁 시 북군을 지휘한 군인입니다. 이들은 미국인들에게 존경받는 자들로 미국 달러 화폐에 그들의 얼굴이 새겨져 있습니다.

나폴레옹도 군인으로 프랑스 황제가 됐습니다. 일본의 토요토미 히데요시(豐臣秀吉1537-1598), 도꾸가와 이에야스(1543-1616), 오다 노부나가(1534-1582)도 모두 다 군인입니다. 그들은 그들의 나라에서 존경받는 인물들입니다.

그런데 우리나라는 군인을 존경하지 않고 하대합니다. 쉽게 듣는 '사람과 군인이 함께 간다'는 말이 이를 보여주는 표현입니다. 지금 남북 화해의 물결이 한반도를 휩쓸고 있습니다. 남북 정상회담과 북미 정상회담이 있을 때만 해도 한반도는 비핵화와 민주주의로 곧 통일될 것 같았습니다. 그런데 북한이 비핵화에 대해 언급했지만 그 말을 믿기 어렵기에 북한에 대한 국제 제재는 여전합니다. 물론 북한도 미국에 대한 불신이 있겠지만, 그런데도 한국 정부당국은 국군을 무장 해제하는 듯한 행동을 취하고 있습니다. 한미 연합훈련을 취소하고 기계화 사단을 약화시키고 병사들의 복무 기간도 18개월로 단축한다는 보도를 접할 때 여간 우려스럽지 않습니다.

군인은 국가를 지키기 위해 존재합니다. 군대는 전쟁을 대비하는 데 있습니다. 당장 내일 상황이 벌어져도 나라를 지키는 국방력에 한 치의 틈이라도 생기지 않게 해야 합니다. 임진왜란 직전 율곡 이이가 10만 양병설을 주장했는데, 평화를 외치던 문인들이 탁상공론을 일삼으면서 반대했기에 그들의 숫자 앞에 무시됨으로 왜란을 당한 것입니다. 한신 장군이 신앙 전력화란 기치 하에 군에서 군목의 역할을 강조한 것은 아주 잘한 일입니다. 그런데 지금 국방부에서 민간인을 군종담당관으로 세우겠다는 발상을 한다는 말을 전해 듣고 심히 우려됩니다.

나라가 존재하는 한 군인은 있어야 합니다. 전시에만 군인이 필요한 것이 아니라 평화의 때에도 강한 힘을 가진 군인이 있어야 합니다. 불시에 전란에 휩싸일 수 있기 때문입니다. 군인은 나라를 지킬 수 있는 힘을 가진 군인이어야 합니다. 한반도 평화를 염원하는 이때에 군인을 무장해제해서는 안 됩니다. 나라를 사랑하고 자신의 목숨도 내어놓을 수 있는 힘있는 강한 군인들이 있어

한번 해병은 영원한 해병

야 하고, 존경받는 군인을 만들어야 합니다.

2. 좋은 군인이 되어야 존경을 받습니다.

성경에는 좋은 군사에 대한 말씀이 있습니다. 그리스도의 좋은 군사는 고난을 받아야 합니다. 자기 생활에 얽매이지 않아야 합니다. 병사로 모집한 자를 기쁘게 해야 합니다.

얼마 전 미국에 갔을 때 워싱턴 DC에서 조금 떨어진 콴티코에 있는 국립 해병대 박물관에 들렀습니다. '한 번 해병은 영원한 해병이다'(Once a Marine, Always a Marine!)라는 글이 건물 밖 야외 기념공원에 적혀 있었습니다.

공원 입구에 semper fidelis!(라틴어 : 항상 충실(충성)하라!)

라고 적혀 있는 아치를 통과하면 그곳에 한국전쟁 당시 장진호 전투를 기념하는 기념비가 있습니다. 1950년 11월 27일부터 12월 13일까지의 장진호 전투를 기념하는 기념비입니다. 영하 45도의 혹한에서 치러진 전투입니다. 미 해병 1사단은 중공군 12만 명의 남하를 저지하고 포위망을 뚫고 함흥에 도착하여 흥남 철수를 합니다. 살아남은 미 해병대 전우들의 모임이 유명한 'Chosin Few'입니다. '장진호 전투에서 살아남은 자는 아주 적지만 우리는 영원한 형제들이다'(We Few, We Chosin Few, We eternal Band of Brothers).

장진호 전투에서 미군은 많은 희생자를 내었습니다. 미군 제1 해병사단은 전사상자 3,637명 비전투전사상자 3,657명을 기록했고 비전투사상자 대부분은 동상 환자였습니다. 거기에 반해 중공군 9병단은 전사 25,000명, 부상 12,500명에 가까운 사상자가 발생했습니다.

항상 충실하라(semper fidelis!)는 말은 개인적인 편의나 행복과는 관계가 없는 말입니다. semper fidelis! 글귀가 있는 약간 경사진 보도 위에는 걸어가면서 읽을 수 있게 새겨진 글들이 있습니다. 충성(loyalty), 희생(sacrifice), 팀워크(teamwork), 리더십(leadership), 정의(justice), 판단(judgement), 신뢰성(dependability), 주도권(initiative), 결단력(decisiveness), 재치(tact), 성실(integrity), 열정(enthusiasm), 태도(bearing), 이타성(unselfishness), 용기(courage), 지식(knowledge), 인내(endurance), 결심(determination), 확신(confidence), 위임(commitment), 명예(honor) 등의 단어들입니다. 이 글을 밟으면서 충성의 의미를 되새깁니다. 충성은 죽을 때까지 힘을 다하는 것입니다.

바울은 자신과 에바브로디도를 '함께 수고하고 함께 군사 된 자'(빌 2:25)라고 했습니다. 그리고 좋은 군사가 되기 위한 훈련을 언급했습니다. "날마다 죽노라!" "나는 선한 싸움을 싸우고 달려갈 길을 마치고 믿음을 지켰다"(딤후 4:7). 디모데에게도 "네 연소함을 업신여기지 못하게 하고 말과 행실과 사랑과 믿음과 정절에 있어 믿는 자의 본이 되라"(딤전 4:12), "좋은 병사는 고난을 받는다"(딤후 2:3)라고 했습니다. 좋은 군사는 수보다 질이 좋아야 합니다. 기드온의 300용사는 양질의 군사였습니다.

3. 오늘 한국 교회가 처한 현실입니다.

칼빈은 교회를 전투하는 교회라고 했습니다. 지금도 교회는 영적인 전투를 하고 있습니다. 교회의 대적들이 존재합니다. 신천지는 여러 차례 중앙일간지와 지방신문을 통해 한국 교회를 적폐

국립 미 해병대 박물관 앞에서

로 몰아가고 있습니다. 주일예배를 마치고 나오는 성도들에게 교회를 비방하는 전단지를 배포하기도 합니다.

한국의 정당 중 일부 정당이 기독교를 적폐로 몰아가고 있습니다. 정당이 이단과 연합한다는 인상을 받습니다. 한국 대형교회를 정부가 장악하려 한다는 느낌을 받습니다. 어떻게 담임목사의 자격 유무를 교단의 총회, 노회가 아닌 법원에서 심사할 수 있습니까? 물론 그 교회 교인 중 일부가 제소하였기에 재판하였다고 말하겠지만 교인 중에는 교회를 파괴하려는 목적으로 들어온 세력이 있을 수 있다는 것을 간과해서는 안 됩니다.

언론에 보도된 교회의 비리들을 보면 변명할 수 없는 팩트들도 있습니다. 교회가 마땅히 자성하고 회개할 문제이긴 하지만 왜

유독 언론이 기독교의 어두운 부분만 보도하여 국민에게 기독교를 적폐로 인식하도록 하는지 우리는 경계해야 합니다.

적폐란 오랫동안 쌓여온 폐단이란 뜻인데 한국 교회가 과연 그렇습니까? 3·1운동 당시 33인 독립선언문 지도자 중 16인이 기독교인입니다. 일제 치하 때 서슬 시퍼런 당시 정부를 향해 굴하지 않고 신사참배를 반대했던 교회입니다. 1960년대의 새벽기도 종은 가난에 찌든 한국을 깨우는 종소리였습니다.

유다의 멸망 당시 거짓 선지자 하나냐는 '1차로 바벨론 포로로 잡혀간 자들이 2년 안에 돌아올 것'이라고 희망의 메시지를 전했습니다. 당시 유다의 시드기야왕과 국민들은 그 소리를 듣기 좋아했습니다. 그러나 예레미야 선지자는 '유다는 멸망하고 포로 생활을 70년 동안 할 것'이라고 듣기 싫은 예언을 전했습니다. 오늘 교회는 선지자의 사명을 다해야 합니다. 듣고 깨닫게 하고 보고 느낄 수 있는 광야의 소리가 되어야 합니다.

오늘 군선교연합회 예배에 참석하신 군목님들, 그리고 관계되는 목사님들, 그리스도의 좋은 군사가 됩시다. 우리를 군사로 부르신 하나님을 기쁘시게 하는 자들이 됩시다. 한국 교회가 처한 현실을 직시하고 하나가 됩시다. 영적 전투에서 승리하는 사람이 됩시다. 아멘.

한국군선교연합회 설교(2018. 12. 12)

내가 너희를 쉬게 하리라

"수고하고 무거운 짐 진 자들아 다 내게로 오라 내가 너희를 쉬게 하리라 나는 마음이 온유하고 겸손하니 나의 멍에를 메고 내게 배우라 그리하면 너희 마음이 쉼을 얻으리니 이는 내 멍에는 쉽고 내 짐은 가벼움이라 하시니라"(마태복음 11:28-30).

목사 부부수양회에 오셨습니다. 목사에게는 쉼이 필요합니다. 쉼은 recreation입니다. rest(휴식, 수면)는 육체적인 쉼을 말합니다. refresh는 원기 회복, 충전이란 말입니다. 심신이 상쾌하게 되는 쉼입니다. 하나님께서 엿새 동안 천지를 창조하신 후 마지막 날을 쉼의 날로 만드셨습니다. "하나님이 그 일곱째 날을 복되게 하사 거룩하게 하셨으니 이는 하나님이 그 창조하시며 만드시던 모든 일을 마치고 그날에 안식하셨음이니라"(창 2:3).

십계명의 제4계명은 안식일을 거룩히 지키라는 것입니다. - 일하지 말고 쉬라, 일곱째 날에 하나님이 쉬셨다. 안식은 복되고 거룩하다. - 안식일을 율법적으로 이해해서 무엇을 해서는 안 된다고 하면 안 됩니다. 본질은 쉬라는 것입니다. 겟세마네 동산에서 기도하신 예수님은 제자들에게 "시험에 들지 않게 깨어 기도하라!"고 명하셨습니다. 그러나 잠들어 있던 제자들을 나무라지 않고 "이제는 자고 쉬라"고 하셨습니다. 제가 좋아하는 성경말씀입니다. 또한 예수님은 "수고하고 무거운 짐 진 자들아 다 내게로 오라 내가 너희를 쉬게 하리라 나는 마음이 온유하고 겸손하니 내 멍에를 메고 내게 배우라 그리하면 너희 마음이 쉼을 얻으리니 이는 내 멍에는 쉽고 내 짐은 가벼움이라 하시니라"(마 11:28-30)고 하셨습니다.

목사에게 쉼이 있어야 성도들도 쉴 여유가 있게 됩니다. 예수님은 인생을 향해 '수고하고 무거운 짐을 진 자들'이라고 하셨습니다. 인생의 짐이 여러 가지입니다. 죄와 형벌, 염려와 근심, 걱정, 질병, 죽음, 율법의 짐, 의무감과 책임감 등입니다. 예수님은 우리의 짐을 벗겨주기 위해 오셨습니다. 구원의 본질은 억눌리고 있는 짐에서 해방되는 것입니다. 죄와 죄로 인한 형벌의 심판에서 놓임을 받는 것입니다. 예수라는 이름의 뜻은 '죄에서 구원한다'는 것입니다. 자유를 경험하게 되면 기쁨이 있습니다. 그래서 구원받은 성도들이 기뻐하고 즐거워하는 것이 하나님의 뜻이라고 했습니다. 고난 중에 있을 때에도 즐거워해야 합니다. 산상수훈 중 팔복의 결론은 기뻐하고 즐거워하라는 것입니다.

"나로 말미암아 너희를 욕하고 박해하고 거짓으로 너희를 거슬러 모든 악한 말을 할 때에는 너희에게 복이 있나니 기뻐하고 즐거워하라 하늘에서 너희의 상이 큼이라 너희 전에 있던 선지자들도 이같이 박해하였느니라"(마 5:11-12).

> 죄짐 맡은 우리 구주 어찌 좋은 친군지
> 걱정 근심 무거운 짐 우리 주께 맡기세
> 시험 걱정 모든 괴롬 없는 사람 누군가
> 부질없이 낙심 말고 기도 드려 아뢰세
> 근심 걱정 무거운 짐 아니 진 자 누군가
> 피난처는 우리 예수 주께 기도 드리세 (찬송가 369장)

목사님들에게는 많은 스트레스(긴장과 압박감)가 있습니다. 마음에 쉼이 없고 답답해합니다. 마음의 쉼이 있어야 합니다. 쉼은 근심, 두려움, 율법의 의무, 죄와 죄책감에서 해방되는 것이요 구원받는 것입니다. 예수님이 오신 목적은 우리를 구원하기 위해서입니다. '호산나!'(우리를 구원하소서!) 찬송을 받으실 주님이십니다. 오늘 오신 여러분들에게 쉼이 있기 바랍니다.

1. 목회는 쉽다.

목회의 본질을 바로 알아야 합니다. 목회의 사전적인 정의는 '교인들을 성경말씀으로 교육하고 가르치는 것이고 그로 인해 하나님의 자녀로 양육하는 것'입니다. 이로 인해 성도들은 영적으

로 각성하여 구별된 성화의 삶을 살게 됩니다. 그런데 목회자에게 많은 스트레스가 있습니다. 목회를 오랫동안 하신 목사님이 목회는 할수록 어렵다고 하는 체험적 실토를 듣습니다. 어떨 때는 '하나님도 알아주시지 않는 것 같다!'라고 탄식을 합니다. 여기 오신 목사님들은 쉬기 위해 오셨기에 부담없이 들을 수 있도록 한마디 하겠습니다. 양해하고 들으세요. '목회는 쉽다!' 제가 연산중앙교회에 부임하고 얼마 지나지 않아 '한 교회에서 10년을 목회할 수 있으면 목회학 석사, 20년을 목회하면 목회학 박사다'라고 생각했습니다. 목회는 어렵기 때문입니다. 그런데 지금 34년째 연산중앙교회를 목회하고 있습니다.

목회(牧會)는 양과 소를 치는 것입니다. 담임목사방(당회장실)에 목양실이란 명패를 붙인 교회들도 있습니다. 그런데 문을 열고 들어가 보면 양은 없고 책상과 의자, 책만 있습니다. 목사가 양을 먹일 때 양을 바로 알아야 하는데 '이 양이 내 양이 아니라 하나님(예수님)의 양이다'라는 것을 늘 생각해야 합니다. 예수님은 "나는 선한 목자라 선한 목자는 양들을 위해 목숨을 버린다. 선한 목자는 양을 알고 양도 목자를 안다"라고 했습니다.

선교를 Missio Dei(하나님의 선교)라고 합니다. 목회도 하나님의 목회가 되어야 합니다. 하나님이 잠깐 동안 그 양을 내게 맡기셨기에 내 양이 아니라 하나님의 양을 돌보는 것입니다.

'성도의 견인'(堅忍)이란 교리는 하나님이 택한 그의 백성을 끝까지 지켜 주신다는 것입니다. 하나님이 그 양을 지켜 주실 것이니 너무 안절부절못하지 말고 염려하지 마세요. 아이들은 아프면서 자랍니다. 아이가 아프면 부모는 걱정하며 잠을 이루지 못하기도 합니다. 그러나 우리가 염려한다고 키를 한 자 더할 수 없습니다. 생명은 하나님의 손에 있습니다. 염려를 주께 맡겨야 합니다. "너희 염려를 다 주께 맡기라"(벧전 5:7). 아무것도 염려하지 말라고 했습니다. "아무것도 염려하지 말고 오직 모든 일에 기도와 간구로, 너희 구할 것을 감사함으로 하나님께 아뢰라"(빌 4:6). 너희의 길을 여호와께 맡기라고 했습니다. "너는 마음을 다하여 여호와를 신뢰하고 네 명철을 의지하지 말라 너는 범사에 그를 인정하라 그리하면 네 길을 지도하시리라"(잠 3:5,6).

너의 길을 여호와께 맡기라는 말은 주님이 시간 속에서 해결해 주실 때가 많습니다. 그래서 내가 하겠다고 너무 애쓰지 말고 하나님의 때에 맡기면 쉼을 얻게 됩니다.

　　'아시아의 물개'로 불린 조오련이 28세 때 대한해협을 헤엄쳐 건넜습니다. 1980년 8월 11일 0시 5분 한국에서 입수해 일본 대마도 서북단 사오자키 등대까지 48km를 13시간 16분 걸려 횡단했습니다. 사오자키 등대 부근에서 태극기를 들고 찍은 사진에선 그의 '똥배'가 장난이 아니었습니다. "이렇게 배가 나왔는데 어떻게 50km 헤엄쳐 건넜나?"라는 질문에 "파도치고 조류가 심한 바다를 헤엄치려면 체력과 지구력이 있어야죠. 거기다 체온 조절도 해야 하니 많이 먹을 수밖에…"라고 답했습니다. 장거리 바다 수영을 하려면 뱃살도 어느 정도 있어야 낮은 수온에 견딜 수 있습니다. 해협이나 바다 원영(遠泳) 도전의 성공 여부는 체온 유지, 체력, 그리고 조류 이용에서 판가름나는데 그중 체온 유지가 가장 중요합니다. 체온이 떨어지면 무력증세가 나타나 수영이 불가능해진다고 합니다. 그러기에 체내 지방 축적은 불가피하여 많이 먹고 뱃심으로 현해탄을 건넌 조오련이었습니다. 목회도 뱃심으로 하는 것입니다. 순교도 뱃심으로 하는 것입니다. 하나님을 인정하면 뱃심이 생깁니다. 파도에 몸을 맡기듯이 하나님께 맡기면 됩니다.

　　부활하신 예수님은 베드로에게 "네가 나를 사랑하느냐?"라고 세 번이나 물었습니다. 그리고 세 번 "내 어린 양을 먹이라! 내 양을 치라! 내 양을 먹이라"고 하셨습니다. 양을 치라는 것은 막대기로 때려치라는 것이 아니라 말씀으로 먹여 키우고 교육시키고 가르치라는 것입니다.

예수님의 사역은 가르침과 치유와 전도였습니다. 가르침이 치는 것입니다. '양을 먹이라!'고 했는데 이유는 양젖을 짜고 털을 깎고 양을 제물로 바치기 위해서입니다. 이것이 성도를 선한 일에 열심을 내는 하나님의 친백성을 만들어 내는 것입니다. 양젖을 잘 짜는 목자가 목회를 잘하는 자입니다. 에베소서 4장에 직분을 세운 목적을 "성도를 온전하게 하여 봉사의 일을 하게 하며 그리스도의 몸을 세우려 하심이라"고 했습니다. 봉사의 일이란 남을 유익하게 하는 일이고 이웃에게 선을 베푸는 일입니다. 다 양의 젖을 제공함으로 이루어지는 것입니다. 야크는 유목민들에게 자기 새끼 먹일 젖을 제공합니다. 새끼가 먹을 젖을 사람이 빼앗아 먹습니다. 그런데도 야크나 양들은 다 제 새끼를 키웁니다. 젖을 내는 양이 건강한 양인 것입니다.

2. 설교는 쉽다!

어떤 목사님은 성도들에게 주말에는 전화하지 말라고 합니다. 이유는 설교 준비를 해야 하기 때문이랍니다. 얼마나 주옥 같은 설교를 준비하는지 모르지만 설교란 책을 통해서 하는 것만이 아닙니다. 단어 해석이나 주경으로만 설교하는 것도 아닙니다. 지식을 전하는 것이 아닙니다. 설교는 영감으로 합니다. 설교 못하는 목사와 과부의 공통점이 있습니다. '영감이 없다'는 것입니다. 영감은 심방 중에 떠오를 때가 많습니다. 여행하면서 삶의 느낌으로 얻을 때도 있습니다. 그러기 위해서 성경을 친숙하게 많이 알고 있어야 합니다. 예수님의 설교도 이미 알고 있던 성경을 인용하는 것에서 나온 것이 많습니다. 설교는 하나님의 말씀을 먹이는 것입니다. 양이 처한 현실을 바로 알고 그 처한 현실에서 바로 길을 갈 수 있도록 방향을 제시하고 말씀으로 격려하여 성도를 강하고 담대하게 하는 것입니다.

목양의 목적은 하나님의 사람을 만드는 것입니다. 그것이 성도를 양육하여 온전한 사람을 만드는 것입니다. 앞서 말한 교회의 직분을 세운 목적이 성도를 온전케 만드는 것입니다. 특히 말에 있어서 온전한 사람이 되도록 해야 합니다. 그리고 행실에 있어서 온전한 사람이 될 수 있도록 가르치는 것이 설교입니다.

"우리가 다 실수가 많으니 만일 말에 실수가 없는 자라면 곧 온전한 사람이라"(약 3:2).

"너희는 세상의 빛이라 소금이라 이같이 너희 빛을 사람 앞에 비치게 하여 그들로 너희 착한 행실을 보고 하늘에 계신 너희 아버지께 영광을 돌리게 하라"(마 5:13-16).

"하늘에 계신 너희 아버지의 온전하심과 같이 너희도 온전하라"(마 5:48).

3. 목회의 지혜

1) '다 내게 오라!'고 했습니다. 예수님을 믿으라! 예수님께 맡기라는 말씀입니다. 성전의 마당만 밟는 것이 아니라 주님을 만나는 것입니다. 인격적인 만남이 있어야 합니다. 인격이란 지, 정, 의로 구성됩니다. 느끼고 알아야 합니다. 인격적인 만남은 대화에 있습니다. 하나님과의 대화는 믿음 안에서 울고 기도하는 것입니다.

2) 예수님의 멍에를 메라고 했습니다. 예수님의 멍에는 우리를 대신해 지신 대속의 십자가입니다. 인생의 고난은 인간 관계에서 기인하는 것이 많습니다. 대속의 죽음은 아닐지라도 대속의 고통이라 생각하면 애매한 고난까지도 예수님을 생각하면서 이길 수 있습니다.

3) 내게 배우라! 즐겁게 사는 방법을 배워야 합니다. 예수님께 배워서 얻는 쉼입니다. 항상 기뻐하라! 범사에 감사하라! 이것은 너희를 향한 하나님의 뜻이라고 했습니다. 믿음 안에 쉼이 있습니다. 행복은 부족함을 느끼지 않는 것입니다. 우리 마음에 부족함을 느끼지 않도록 자족하는 비결을 배워야 합니다. 목사에게 쉼이 있어야 성도도 쉴 수 있습니다. 우리의 쉼은 예수님 안에 있

습니다.

오- 이 기쁨! 주님 주신 것
앞뒤 동산에 꽃은 피었고 높은 하늘에 종달새 우짖고
오 친구여 즐겁게 노래해 손뼉 치면서 즐겁게 찬양해
오 해피데이! 예수 내 죄 사했네
주가 가르쳐 준 기쁨의 생활 기쁘게 살라!

주 안에 있는 나에게 딴 근심 있으랴
십자가 밑에 나아가 내 짐을 풀었네
그 두려움이 변하여 내 기도 되었고
전날의 한숨 변하여 내 노래 되었네
내 주는 자비 하셔서 늘 함께 계시고
내 궁핍함을 아시고 늘 채워 주시네
내 주와 맺은 언약은 영 불변하시니
그 나라 가기까지는 늘 보호하시네
주님을 찬송하면서 할렐루야 할렐루야
내 갈길 멀고 험해도 나 주님만 따라가리 (찬송가 370장)

4) 때(시간)를 놓치지 않아야 합니다. 1973년 개봉한 빠삐용이
라는 영화에 두 주인공이 나옵니다. 살인자의 누명을 쓰고 종신
형을 선고받은 앙리(빠삐용-스티브 맥퀸)와 채권 위조범 드가(더
스틴 호프만)는 함께 탈옥을 여러 번 시도합니다. 마지막 무인도

에서 탈출할 때 절벽에서 야자 열매로 묶은 것을 던져서 파도가 7번째 올 때 조류를 타고 섬을 나가는 것을 발견하고 스티브 맥퀸은 때를 놓치지 않고 탈출하나 더스틴 호프만은 포기하는 장면이 인상 깊었습니다.

5) 변화를 주어야 합니다. 변화 중 하나가 재미가 있어야 합니다. 교회당 건물의 변화를 주는 것, 교회에 새 집기를 들이는 것, 차를 사고 교회당을 짓는 것, 교역자 이동, 직분자를 세우는 것이 변화입니다. 변화와 성장이 있는 것에서 살아 있는 에너지를 느낄 수 있습니다.

결론

인생은 모두 무거운 짐 지고 삽니다.
"이고 진 저 늙은이 짐 벗어 나를 주오 나는 젊었거늘 돌인들 무거우랴 늙기도 설워라커든 짐을 조차 지실까"(정철)

"수고하고 무거운 짐 진 자들아!" 목사도 사람입니다. 목회는 무거운 짐입니다. 목회가 쉽다! 설교가 쉽다! 했는데 쉬운 게 어디 있나요? 쉽다고 말한 것은 오늘 이 시간만이라도 여러분의 마음의 짐을 덜어 드리려고 한 말입니다. 총회장 마치는 올해 말이면 저는 은퇴할 예정입니다. 은퇴할 날을 손꼽아 기다리고 있습니다. 그러나 여러분! 목회를 즐겁게 하세요. 쉬어가면서 목회를 하세요. 즐거움으로 목회를 하세요.

"예수로 말미암아 항상 찬송의 제사를 하나님께 드리자 이는 입술의 열매니라 선을 행함과 서로 나누어 주기를 잊지 말라 하나님은 이같은 제사를 기뻐하시느니라 너희를 인도하는 자들에게 순종하고 복종하라 그들은 너희 영혼을 위하여 경성하기를 자신들이 청산할 자인 것같이 하느니라 그들로 즐거움으로 이것을 하게 하고 근심으로 하게 하지 말라 그렇지 않으면 너희에게 유익이 없느니라"(히 13:15-17).

목사 부부수양회 설교(2019. 4. 29.)

2부
은퇴

노병은 죽지 않는다

2019년 12월 8일 은퇴를 했다. 목사 장립 받은 지 40년 8개월 되는 날이다. 연산중앙교회 담임목사로 부임한 지 34년 1개월이 지났다. 지난날을 돌아보니 군목으로 임관하여 3년을 지냈고, 제대 후 3년은 개척교회 목사로, 마지막 34년은 연산중앙교회의 담임목사로 하나님이 봉사할 기회를 주셨다. 하나님께 이런 건강과 기회를 주심에 진심으로 감사드린다.

은퇴예배는 지극히 간단하게 오피셜하게 하려고 했다. 여러 번 은퇴식에 참석하면서 느낀 바가 있었다. 여러 목사님들이 자신이 한 사역을 너무 많이 나열하는 것이 자칫 자랑으로 여겨지는 것 같아 나는 그렇게 하지 않으려고 했다. 교회를 섬길 기회를 주신 하나님께 감사할 뿐이다. 부족하나마 긴 시간 봉사할 수 있는 힘을 주신 것이 감사할 뿐이다. 그래서 은퇴식 전체 시간을 1시간 정도로 생각하고 은퇴예배는 30분, 그리고 남은 시간은 연산중앙교회 설립 61주년 기념 음악회로 구성했다.

다른 목사님들은 원로목사 추대받는 것에 초점을 두어 원로목사 추대식이라고 식순을 꾸미기도 한다. 하지만 나는 '목사 은퇴 및 교회설립 61주년 기념 음악회'로 명명했다. 은퇴를 축하하기 위해 여러 곳에서 추대패를 준비해 왔다. 고려신학대학원 신원하 원장을 비롯해 기아대책, 한교총 총무, 총회 사무총장, 기독교보사 등 먼 곳에서 오신 분들인데 일일이 패를 읽는 시간 절약을 위해 기념패 낭독하는 시간도 없애고 패만 전달토록 했다. 그분들에게 죄송한 마음이다. 나 자신의 은퇴사도 중언부언하지 않도록 간단히 원고를 적어서 읽는 것으로 대신했다.

다음은 은퇴식 당일에 읽은 은퇴사이다.

은퇴 감사예배를 드리면서 원로목사로 추대받는 것은 제겐 한없는 하나님의 축복입니다.
하나님께만 영광과 찬송을 드립니다.
연산중앙교회 성도들께는 진심으로 감사드립니다.
이제 제 사역은 끝이 났습니다.

'빌리 그래함' 목사님의 아내 '루스 그래함'은 자기 집 앞 도로 공사가 끝난 뒤 세워 둔 안내 문구를 기억하고 그 문구를 자기 묘

비에 새기도록 했습니다. "End of construction, thank you for your patience." 그 문구처럼 저도 여러분들이 그동안 사랑으로 참아 주신 것에 대해 감사를 드립니다.

"노병은 죽지 않는다. 다만 사라질 뿐이다"(Old soldiers never die, they just fadeaway)라는 맥아더 사령관의 말처럼 저도 이제 담임목사로서 여러분의 뇌리에서 사라질 때가 되었습니다. 그러나 하나님이 부르실 때까지 여러분을 생각하며 기도하겠습니다. 저를 기억하고 참석해 주신 여러분께 진심으로 감사합니다.

은퇴여행 - 암트랙(Amtrak) 기차여행

1. 은퇴여행이다.

목회할 때 은퇴를 생각하면 늘 자유와 쉼이란 단어가 떠올랐다. 그런데 오늘이 그날이다. 12월 8일 은퇴예배를 드리고 오늘(12월 20일) 김해공항에서 오전 7시 40분 JAL로 나리타 경유 시애틀로 가는 10일간의 일정이다. 은퇴했기에 부목사님들께 수고를 끼치지 않으려는 마음에 집에서 콜택시를 불러 김해공항으로 가려고 했는데 주영훈 목사님이 먼저 교회 차로 모시겠다고 제안한다. 고마울 뿐이다. 미국은 그동안 여러 번 다녀와서 낯설지 않다. 이번도 자유여행이라 가이드북을 챙겨 나왔는데 그만 차에 두고 내렸다. 은퇴한 노인의 행동처럼 여겨져 스스로 열적고 부끄럽다.

김해공항을 이륙한 비행기는 9시 반경에 나리타 공항에 도착

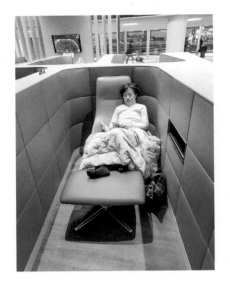

했다. 환승(transit)으로 9시간을 공항에서 기다려야 한다. 공항에서 기다리는 것이 무료하여 입국심사를 거쳐 전철을 타고 나리타 시내로 나갔다. 점심으로 소바를 먹고 마트에 들러 필요한 상비약과 간식 등을 샀다. 조용한 나리타시를 둘러보고 다시 공항으로 돌아왔다. 다시 입국심사를 받고 공항 안으로 왔는데도 오후 1시 반이다. 한참 남은 시간을 라운지에서 보내야 한다. 편안히 쉴 수 있는 로비 안의 안락의자를 찾아 누워 쉬면서 American Airlines membership에 가입하고 폰 충전까지 하는 여유의 시간을 가졌는데도 아직도 한참을 더 기다려야 한다. 아내는 편하게 로비 의자에 누워 기다린다. 기다리던 은퇴여행이 시작됐다.

2. 미국을 여러 번 다녀왔다.

미국에 도착해 이미그레이션(출입국 심사)을 통과할 때마다 부담감을 느낀다. 여권을 제출하고 입국 심사관에 앞에 설 때마다 인상 좋은 사람 앞에 서기를 바랐다. 스탬프를 혹 찍어 주지 않을까 하는 염려에서다.

작년에 입국할 때는 입국장 줄이 너무 길어서 심사받는데 한 시간이 훨씬 넘게 걸려 지루했던 기억이 난다. 그런데 이번엔 입국장 분위기가 확 바뀌었다. 자동심사제도로 너무 빨리 끝이 났다. 한국 전자여권의 위력을 새삼 느낀다.

오늘 묵을 호텔은 시애틀 타코마 국제공항 앞에 있는 래디슨 호텔이다. 공항 밖으로 나와 전화로 호텔 셔틀버스를 불러 탔다. 아침 시간에 시애틀에 도착했기에 정오 12시가 되기 전에 호텔에 도착해 체크인 했다. 호텔에 여장을 풀고 짐을 점검했다. 다 준비해 온 줄 알았는데 국제면허증을 만들지 못한 것을 발견했다. 이번 여행은 암트랙으로 시애틀에서 시카고까지 가서 비행기로 휴스턴까지 갔다가 시애틀로 돌아와 며칠간을 렌터카로 여행  하는 일정이다. 국제면허증을 준비하여 렌터카 여행을 하려던 계획에 차질이 생겼다. 이제와 어쩔 수 없고 되는 대로 해야지!

고려신학대학원 원장을 마치고 은퇴한 동기인 한정건 목사가 시애틀에 살고 있다. 한 목사에게 전화로 입국 신고를 하고 내일 아침 호텔에서 만나기로 했다. 내일 오후 4시 40분이면 암트랙 기차여행이 시작되는데 한 목사가 자기 집에서 점심을 먹고 역으로 데려다 주겠다고 했다. 호텔에서 쉬다 시애틀 기차역으로 미리 가보는 것이 좋을 것 같아 공항으로 나가 경전철을 탔다. 암트랙역(킹스트리트 스테이션)까지는 전철로 30분 정도 소요된다. 처음 타보는 경전철이라서 표 사는 곳을 몰라 그냥 타고 내렸다. 올 때도 그냥 타고 내렸다. 올 때는 차 안에 사람들이 많았지만 마침 두 자리가 비어 있어 경로석에 앉는 마음으로 앉았다. 아내를 보며 "한국에서는 경로증을 '지공대사'(지하철공짜)라 하는데 그 효력이 미국까지 뻗치는 줄 몰랐다"라면서 웃었다. 그런데 기차를 내려 2층 한 모퉁이에 있는 자동발매기를 발견했다. 1인 3$라고 적혀 있었다. 그러니 오늘 왕복 12$를 공짜로 탄 것이다. 경로증은 망각과 무식한 자에게 주는 것이다.

3. 암트랙 1일차

시애틀의 잠 못 이루는 밤을 지냈다. 나는 잠을 설쳤지만 아내는 8시까지 푹 잤다. 친구 한 목사님이 10시 반에 호텔로 온다고 했기에 아내는 깨자마자 서두른다. 햇반을 준비해 간 것이 특효다. 조식을 마치는데 20분으로 충분했다. '시애틀의 잠 못 이루는 밤'을 지낸 것은 다시 시애틀에 도착한 이후의 렌터카 여행 때문이다. 부산에 있는 큰아들과 통화를 하다가 미국에서 한국 면허증으로 차 렌트가 가능한 주가 있다는 사실을 알게 됐다. 그래서 컴퓨터로 검색해 보니 워싱턴주는 국제면허 없이 렌트할 수 있다는 것을 확인했다. 그래서 아침 일찍 인터넷으로 렌터카를 예약했다.

한정건 목사가 약속한 시간에 호텔에 도착하여 반갑게 만났다. 한 목사 차로 먼저 공항 렌터카 사무실에 들렀다. 문제없었다. 예약은 잘 되어 있었고 한국 면허증, 여권, 신용카드만 있으면 OK 라는 말을 들었다. 고민했던 이번 여행의 문제가 해결된 것이다. 한 목사 집에서 점심을 먹고 워싱턴대학 캠퍼스를 둘러본 후 딸이 운영하는 아이스크림 가게에서 아이스크림을 맛있게 먹고 킹스트리트역으로 갔다.

시애틀의 킹스트리트역은 시카고로 가는 시발역이다. 만 48시간의 기차여행이 시작되는 순간이다. 어제 정탐차 왔을 때는 1시간도 넘게 기차가 지연 출발하더니 오늘은 정시에 출발했다. 어제 미리 보아 두었기에 망설임 없이 큰 가방은 수하물로 부치고 출발 20분 전에 열차에 올랐다. 예약한 좌석은 베드룸 0831 차량 2층의 B칸이다.

방에 들어서는 순간 만족감에 서로가 미소를 지었다. 2인 전용칸에 화장실(샤워 가능), 접이식 1인용 침대가 상하층 2개로 이루어져 있는 완전한 프라이빗 룸(private room)이다. 객석 차장이 방으로 찾아와 저녁 식사 시간을 예약받는다. 6시 30분에 식당칸으로 갔다. 훌륭한 메뉴다. 스테이크 정식 40$ 짜리를 맛있게 먹고 방에 들어와 침대를 정리하고 누웠다. 이번 여행의 백미는 암트랙 기차여행이다. 숙식, 호텔, 차비가 다 포함된 여행이다. 창밖은 캄캄해 보이지 않지만 적당히 흔들리는 침대는 아기가 요람을 탄 것처럼 여겨져 잠이 잘 올 것 같다. 은퇴 후 하나님이 주시는 여유와 축복의 시간을 만끽하려고 했는데… 참으로 하나님 감사합니다.

4. 암트랙 2일차

시애틀에서 시카고까지의 암트랙 노선을 '엠파이어 빌더'(Empire Builder)라고 한다. 48시간이 소요되는 노선이다. 이 노선은 캐나다 국경을 따라 미국의 최북단을 횡단하는 노선이다. 이 노선의 하이라이트는 글레이셔 국립공원을 통과하는 구간이다. 어제 오후 4시 30분 시애틀을 출발할 때는 한겨울이라 날이 저물어 캄캄해 밖을 볼 수 없었는데 밤새 달렸던 기차는 워싱턴주를 통과해 동으로 가고 있었다. '개는 짖어도 기차는 간다'라고 했던가? 우리는 잠에 곯아떨어져 있어도 기차 속 시간은 이미 퍼시픽 타임에서 마운틴 타임으로 바뀌어 있었다.

7시에 아침 식사를 하는 중에 밖은 밝아오고 있었다. 식탁에 마주앉은 커플과 인사 나누며 식사를 끝내고 방으로 돌아와 차창 밖에 펼쳐지는 글레이셔 국립공원의 장관을 감상한다. 서(west) 글레이셔에서 동(east) 글레이셔를 통과하는 눈 덮인 록

키 마운틴의 모습이 너무 아름답다. 비행기를 타고 미국에 올 때면 10시간(서부)에서 14시간(동부) 가량 소요된다. 이코노미석에 꼼짝 못하고 앉은 채 기내식을 주는 대로 받아 먹으며 몇 차례 화장실을 다녀오는 것이 고작인 지루한 여행이다. 비행기에서 내릴 때마다 넓은 공간의 칸막이가 있는 비즈니스석을 지나오면서 얼마나 부러워했던가? 그런데 암트랙 침대에서 아름다운 광경을 보니 내 집의 방처럼 편안하다. 비행기 1등석이 부럽지 않다. 오늘 오전 창밖에 펼쳐지는 설경의 국립공원이 이번 여행의 백미일 것 같다. 아내는 피곤한지 의자에 앉은 채 졸음에 겨워 눈을 감고 있다. 의자에 앉은 아내를 침대에 눕도록 하고 나도 침대에 눕는다. 그래도 기차는 간다.

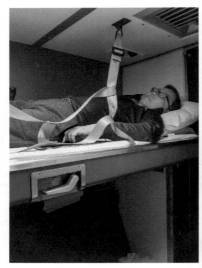

5. 암트랙 3일차

점심 시간이다. 아내는 담치(홍합)를 주문했고 난 햄버거를 시켰다. 테이블에 마주앉은 두 여인은 모녀인지 친구인지 분간이 안되는데 수다스러운 젊은 여인이 웃으면서 이야기한다. 그들은 시애틀에 살면서 시카고로 가는데 암트랙은 처음이란다.

차창 밖 풍경은 또 바뀌었다. 록키산맥의 풍경은 이제 지나갔고 넓은 평원에는 사슴 무리가 보인다. 그리고 광활한 대지 위로 드문드문 목장들이 보인다. 검은 소들이 눈 덮인 곳을 뚫고 나온 마른 풀들을 뜯어먹고 있는 한가로운 풍경이 펼쳐진다. 지도를 보니 기차는 캐나다 국경에서 얼마 떨어지지 않은 옐로스톤 북쪽 지점이다. 옐로스톤 국립공원은 남쪽으로 한참이나 떨어져 있는

데 기차는 동쪽을 향해 달리고 있다. 12월 하순인데 아직 다 얼지 않고 얼음 사이로 보이는 강물 위에는 철새 오리들이 모여 놀고 있다. 은퇴한 이 나이에 이 광활한 미국 땅을 횡단하고자 렌터카 드라이브한다는 것은 이젠 무리다. 여행의 패러다임을 바꾸어 암트랙으로 기차여행을 하든지, 그레이하운드 버스를 타고 종일 풍경을 감상하면서 가다가 적당한 곳에 도착하면 하루 머물면서 렌터카로 주변을 돌아보는 것이 더 좋겠다는 생각이다. 점심 먹은 지 얼마 되지 않았는데 저녁 식사 시간 예약을 받기 위해 승무원이 문을 두드린다. 7시 15분으로 예약을 했다. 일반 식당에서는 식후 팁을 주어야 하는데 여기서는 침대차(sleeper)는 2박 6식이 다 요금에 포함되어 있다. 팁 신경 쓰지 않아도 되니 편하고 좋다.

6. 암트랙 4일차

저녁 먹고 잠이 들었다. 첫날에는 하단 의자를 앞으로 풀로 당겨내지 않았는데 이번에는 풀로 당겨내니 2인이 누울 수 있는 더블침대가 된다. 매트리스가 더블이어서 편하게 밤을 지낼 수 있었다. 잠든 사이 기차는 계속 달려 노스다코다주를 통과했다.

아침을 먹기 위해 식당칸으로 가는데 창밖 풍경은 또 바뀌었다. 미시간 호수의 영향인지 하얀 눈을 덮어쓴 집들과 도로가 인상 깊다. 오늘이 암트랙 3일째로 마지막 날이다. 여정은 끝이 있다. 가다 보면 종착역이다. 이제 시카고까지는 7시간 정도 남았다. 혼자 도보여행을 할 때 '이렇게 걷다가 인생은 마치게 되는 것이라!'고 생각했는데 또 그런 생각이 든다. 좋은 여행도 반드시 끝이 있다.

어제는 이번 여행의 백미가 글레이셔 국립공원(록키 마운틴)이라고 생각했는데 오늘 생각이 바뀐다. 세인트 폴(미네소타)에서 강을 따라 시카고로 내려가는 길이 장관이다. 미국에서 제일 긴 강은 6,200km를 넘는 미시시피강이다. 미네소타는 미시시피강의 발원지다. 강을 따라 암트랙은 달리는데 미네아폴리스를 지나자 강폭이 너무 넓어 호수 같은 생각이 든다. 그 넓은 강은 얼어 있었고 강 얼음 위에 덮여 있는 눈이 설원을 이룬다. 겨울 여행에서 느끼는 아름다움이다.

시애틀에서 출발한 암트랙 여행은 48시간이 지난 후 시카고 유니언역에 도착함으로 끝이 났다. 수하물로 부쳤던 큰 가방을 찾았다. 공항에서 수하물을 찾듯이 기차역 수하물 찾는 곳(baggage claim)에서 캐리어백을 찾아 역에서 얼마 떨어지지 않은 홀리데이 인(Holyday inn)에 여장을 푼다. 암트랙 여행이 끝났다.

7. 휴스턴이다.

시카고 홀리데이 인에서 1박 한 후 크리스마스이브에 휴스턴에 도착했다. 윤덕곤 목사가 공항으로 마중을 나왔다. 이모와 만나기로 한 곳은 그레이스처치 성탄절 예배시간이다. 한국 식당에서 저녁을 먹고 교회로 갔다. 성탄절 예배를 마친 후 이모 집으로 갔다. 홀빈한 집 현관 안에 들어서니 조그만 크리스마스 장식 꽃이 벽에 걸려 있다. 1년 전 사랑하던 이모부를 보내고 처음 맞는 크리스마스인데 이모는 예전과 같이 꽃을 걸어 두었다.

다음 날 성탄을 맞이하여 점심 식사 후 이모부 묘소에 들렀다. 김웅천 장로는 고인이 되어 휴스턴의 한 공원묘원에 누워 있었다. 그 위는 성탄절 꽃이 이불처럼 덮여있었다. 이모의 외아들 만규 가족이 엄마를 찾아왔다. 만규는 아들(종찬) 하나만 두었는데 훌쩍 커버렸다. 성탄절 오후에 어머니 집으로 와서 그날 저녁은 만규가 준비한 랍스타로 배부르게 먹었다.

성탄절을 보낸 다음날 26일(목) 새벽 4시에 이모 집을 나왔다. 윤덕곤 목사가 휴스턴 공항으로 데려다주었다. UA 싼 비행기 표를 구입했기에 달라스, 피닉스 두 곳을 거쳐 시애틀에 도착하는 비행편이다. 싼 게 비지떡이라던가 피닉스 공항 화장실에 핸드폰을 두고 나왔다. 돈보다 더 귀한 스마트폰의 모든 기록을 다 잃어버렸다.

8. 다시 돌아온 시애틀

12월 27일(금).

며칠 전 예약한 렌터카로 이제 드라이브 여행이 시작됐다. 어제 묵었던 레드 라이언 호텔은 첫날 도착해서 묵었던 래디슨 호텔보다 못했다. 시애틀에서는 래디슨 호텔에 묵어야겠다는 생각이다.

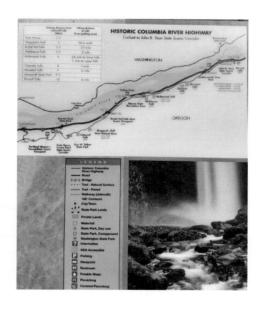

오늘 일정은 오리건주 포틀랜드로 가는 것이다. 호텔서 5번 도로를 타고 바로 내려가면 160마일 정도 거리이지만 관광여행이기에 태평양 해안을 따라 조금 둘러서 내려가는 길을 택했다. 페드럴웨이 한인 식품점에서 음식을 구입하고 올림피아에서 101번 도로를 택했다. 101번 도로 오른편에 펼쳐지는 태평양 바다는 평

온하기 그지없다. 드디어 워싱턴주와 오리건주의 경계인 컬럼비아강을 건넌다. 폭 넓은 강 위로 큰 배들이 지나갈 수 있도록 오리건주 쪽 강 수면 위로 아주 높이 다리가 솟아 있다. 다리를 건너니 조그마하지만 아주 예쁜 조용한 도시 애스토리아(Astoria)가 나타났다.

컬럼비아강을 경계로 워싱턴주와 오리건주가 나뉜다. 컬럼비아강을 거슬러 올라가는 강변 경치는 일품이다. 강을 따라 아름다운 폭포들이 연이어진다. 포틀랜드에 도착하여 라마다 인에 여장을 풀었다.

9. 컬럼비아강, 마운트 후드

12월 28일(토).
오늘은 컬럼비아강을 따라 흘러 들어오는 폭포들을 관광하면서 동쪽으로 드라이브하는 여행이다. 컬럼비아강은 캐나디안 록키산맥에서 발원하여 워싱턴주를 거쳐 오리건주의 조그마한 항구 도시 애스토리아에서 태평양으로 흘러든다. 북아메리카에서 컬럼비아강보다 유출량이 더 많은 강은 미시시피강, 매켄지강, 세인트로렌스강뿐이다. 컬럼비아강의 풍부한 수량은 몇몇 개의 다목적 댐을 건설하게 했다. 1930년대에 건설된 그랜드쿨리 댐은 전력 생산과 함께 컬럼비아강 물을 대대적으로 관개에 이용하는 최초의 사업이었다. 이 강에는 특히 연어가 많다.

　라마다 인을 나와 컬럼비아강을 끼고 84번 도로를 따라 동으로 달렸다. 차창으로 펼쳐지는 강의 정경이 너무 아름답다. 수심이 깊고 폭이 넓은 강이라 큰 배들이 화물을 적재하고 항해를 하는데 강은 이 배들을 평안히 용납하고 있다. 얼마 가지 않아 도로 안내판에 폭포를 안내하는 이정표들이 나온다. 이정표를 따라 들어가는 숲속의 한적한 도로는 또 얼마나 정겨운지! 안내하는 폭포들만 찾아 둘러보아도 하루가 다 갈 것 같다는 생각이 든다.

　컬럼비아강은 캐나다 록키산맥의 물만 담은 것이 아니다. 워싱턴주의 레이니어산, 헬레나산의 물뿐 아니라 가까이는 오리건주의 후드산의 물까지 담아 태평양으로 흐른다. 84번 프리웨이를 통해 쭉 동으로 달린 우리 차는 중간중간 폭포를 들러 보고 후드리버(Hood River)라는 조그만 도시에서 우회전하여 마운트 후

드(Mt. Hood)를 향한다.

오리건주에서 가장 높은 산이 마운트 후드다. 높이가 3,400m 조금 넘는다. 컬럼비아강 남쪽으로 약 50km에 있다. 내가 탄 차는 경치 좋은 산길을 힘차게 오르다 도중에 내리는 눈을 만나 길이 미끄러워 더 갈 수 없었다. 마운트 후드는 내일 보도록 하고 되돌아 숙소인 라마다 인으로 돌아왔다.

12월 29일(일).

아침에 호텔에서 조식을 하고 어제와 다른 길로 마운트 후드로 올랐다. 오늘 가는 길은 컬럼비아강 쪽 길이 아니다. 산 서쪽에서부터 올라가는데 어제와는 전혀 색다른 느낌이다. 멀리서 정상을 보여주는 산의 모습이 깨끗하고 좋다.

　　마운트 후드 정상 부근을 통과하는 길에 있는 휴게소 주차장에는 많은 차들이 얼음판 위에 서 있다. 모두들 스키 복장을 하고 스키하러 온 사람들이다. 백두산보다 약 500m 더 높은 산인데 시간 여유가 있다면 올라갈 수 있는 데까지 가 보았으면… 하는 마음을 남기고 돌아섰다. 오늘은 시애틀로 돌아가서 자야 한다. 내일 나리타를 거쳐 부산으로 가야 한다. 시애틀에 도착한 시각은 이미 저녁 어두워진 시간이다. 훼드럴 웨이에 있는 베스트웨스틴 호텔에 여장을 풀고 뷔페를 찾아 저녁을 먹었다.

　　12월 30일(월).

　　렌터카를 반납하고 한국으로 출발했다. 밤에 김해에 도착해 아들 은기가 가져온 차로 집에 도착했다. 하나님의 은혜와 보호 속에 은퇴기념 여행을 마쳤다.

남도 도서여행 - 진도, 목포, 신안군

코로나로 인해 해외여행을 할 수 없다. 2020년 6월 누님의 고희를 기념해 캐나다 여행을 계획하고 비행기와 호텔까지 예약했다. 코로나로 인해 갈 수 없었던 누님 내외와 함께 전라남도 진도와 신안군의 여러 섬들을 둘러보는 도서여행을 했다.

1월 14일(목).

우리 부부는 집에서 8시에 출발해 누님 집 앞에서 두 분을 태웠다. 남도 도서여행이 시작됐다. 점심은 가는 길에 남해 독일마을에 들렀다. 독일마을의 안내판에는 다음과 같은 글이 적혀 있었다.

독일 아리랑이 되어…
너무나 가난했던 1960-1970년대 우리나라!

가족 부양을 위해 머나먼 독일로
파독 광부와 간호사로 떠났던 젊은이들
조국의 경제발전에 초석이 된 당신들의 땀과 눈물은
자랑스런 대한민국의 역사입니다.

<독일마을 파독 광부 간호사 1세대>

함부르크, 베토벤, 하이델베르크, 프랑크푸르트 등 거리 이름
이 독일에 온 느낌을 받게 한다. 독일식 점심 햄버거와 독일 소시
지까지 먹으니 해외여행을 온 기분이 든다.

점심을 먹고 제주도, 거제도에 이어 세 번째로 큰 섬인 진도
로 향했다. 진도하면 먼저 천연기념물 53호인 진돗개와 이순신 장
군의 울돌목 해전 등이 머리에 떠오른다. 인터넷을 통해 찾은 숙

소는 '지중해펜션'이다. 지중
해 분위기를 살리기 위해 방
이름을 지중해와 관계된 도
시(꼬모, 나폴리, 로마, 깐느,
두브로브니크 등) 이름을 붙
였고 건물 외형도 유럽형으
로 붉은 지붕이다. 젊은 여
주인은 부산 사람이었다. 부산서 예약하고 온 손님이라고 친절하
게 반긴다.

펜션은 바닷가에 있어 방에서 파도 소리를 들을 수 있었다. 가
까운 곳에 석양의 아름다움을 볼 수 있는 세방낙조라는 명소가
있다. 저녁 먹기 전 낙조의 아름다움을 보기 위해 그곳으로 갔다.

낙조(落照)란 저녁에 지는 햇빛으로 지는 해 주위로 퍼지는 붉은 빛이란 뜻이다. 석양은 저녁 때의 저무는 해를 말하는데 뜻은 같다. 둘 다 노년을 비유하는 단어이기도 하다. 그런데 일출의 아름다움은 잠깐이지만 낙조의 아름다움은 오래간다.

석양의 아름다움은 날이 좋아야 한다. 진도에 도착한 날은 날씨가 좋았다. 바다 속으로 떨어져 가는 해를 볼 수 있도록 구름이 없어야 한다. 그리고 추운 바람이 불지 않아야 낙조를 감상할 마음이 생긴다. 다음 날은 바람이 불고 흐려 낙조의 아름다운 모습을 볼 수 없었다. 인생도 그렇다. 노년이 아름다워야 한다. 노년에는 구름과 바람이 없이 하나님이 주시는 은혜와 평강을 누릴 수 있어야 한다. 때를 따라 돕는 은혜를 주시는 하나님께 평강의 선물을 기도할 뿐이다.

2021년 1월 15일(금).

오늘은 아내의 68회 생일이다. 아침 일찍 일어나 바닷가 방파제에서 낚시로 망둥어 한 마리를 잡았다. 누님이 준비해 온 찰밥과 미역국을 먹고 팽목항으로 출발했다. 슬픈 세월호 사건의 역사를 지닌 팽목항은 별로 내키지 않았지만 팽목항에서 배에 차를 싣고 10시 40분 조도로 들어갔다. 조도는 하조도와 상조도를 중심으로 작은 섬들이 군도를 이루고 있다. 하조도와 연결된 연도교를 통해 상조도 도리산 전망대에 오른다. 거기서 도시락 대신 준비한 고구마와 간식으로 점심을 때웠다.

　　조도는 다도해해상국립공원의 중심 섬이다. 1816년 중국 주재 영국대사 사절단을 배로 태우고 왔던 함장 바실 홀(Basil Hall)은 조도의 아름다움을 극찬하여 1818년 '조선해안 및 류큐섬(오키나와) 항해기'를 출간했다. 그는 조도군도를 '세상의 극치' '지구의 극치'라고 찬양했는데 도리산 전망대에 올라 사방을 살펴보니 그의 감탄이 과장된 것이 아니라는 느낌을 받았다. 날씨도 너무 청명하여 다도해의 경치를 만끽할 수 있었다.

　　조도의 아름다움은 그것만이 아니다. 상조도에서 귀한 흰 고니들이 조용한 바다 안쪽에서 평화롭게 떠다니는 것을 보니 여기가 호수인지 바다인지 구분이 안 된다. 이곳이 낙원 같다는 느낌이다.

　상조도 주민은 얼마 되지 않는다. 그곳에서 하조도만 가도 약간의 숨통이 트인다. 진도에 가면 사람 사는 곳의 번화함을 느낄 수 있다. 거기서 목포로 나가면 마치 서울 간 느낌을 받을 것 같다. 진도를 떠난 후 차에서 여러 번 '상조도에 비하면 여기는 서울이다!'라는 말을 되뇌었다. 살다가 형편이 어려워지면 상조도를 생각하면 된다. 상조도에서 무료하고 따분한 생활을 하는 것보다는 지금이 나을 것이다.

　1월 16일(토).

　조식으로 떡국을 먹고 이틀간 묵었던 지중해펜션을 떠났다. 펜션을 떠나 진도 서해안선 길은 전망 좋은 길(scenic view drive)이다. 둔내면 호수에 이른다. 겨울철에 고니가 머무는 호수다. 찬 바람 속에 고니를 보려고 내렸지만, 어제 보았던 고니들은 보이지 않는다. 둔내면 호수를 거쳐 울돌목 공원에 도착했다. 날씨는 춥고 관광객은 없지만, 울돌목(명량)은 서해 조류가 가장 빠른 곳이다. 바다 조류의 흐름이 강물처럼 흐르는 소리를 낸다. 그래서 鳴(울 명), 梁(들보 량)이다. 새가 우는 소리 같은 소리를 낸다는 것이다. 조선 선조 30년(1597년)에 이순신 장군이 이끄는 수군이 명량에서 왜선(倭船)을 쳐부순 명량대첩의 현장이다. 강한 조류를 이용해 12척의 전선(戰船)으로 적 함대 133척과 싸워 31척의 적선을 격파하여 크게 이긴 곳이다.

목포를 거쳐 증도에 도착했다. 증도는 기독교인들이 많은 섬이다. 전 주민이 기독교인이라고 해도 과언이 아니다. 이 섬이 기독교화 된 것은 문준경 여전도사의 전도의 결실이다. 문 전도사는 신안군 암태도에서 태어나 증도로 시집간 분이다. 6·25때 공산당에 의해 교인들과 함께 순교하였다.

문 전도사를 통해 예수 믿게 된 사람 중 유명한 사람이 이성봉 목사, 김준곤 목사 등이다. 증도가 기독교인의 섬인 것을 상징적으로 보여주는 것은 섬 입구에 설치되어 있는 금연상이다. 문준경 전도사 기념관 앞에 있는 이학식당에서 짱뚱어탕, 게장 정식으로 점심을 맛있게 먹었다.

"한 알의 밀알이 땅에 떨어져 죽지 않으면 한 알 그대로 있고 죽으면 많은 열매를 맺는다"라고 했는데, 문 전도사는 인간적으로는 행복한 삶을 산 것이 아니었다. 시집 온 이후 남편 노릇을 전혀 하지 못하는 남편 때문에 무척이나 힘들었다. 그 삶의 어려움이 하나님만을 바라보게 했다. "고요한 바다로 이 풍랑 인연하여서 더 빨리 갑니다"라는 찬송가 가사처럼 믿음의 깊이가 깊어져 일년에 고무신이 몇 켤레나 닳도록 전도한 전도사님이다. 전도는 말로만 되는 것이 아니다. 문 전도사는 도움이 필요한 사람에게 많은 도움과 위로를 주며 신앙 인격으로 전도한 결과가 증도를 금연의 섬으로 만든 것 같다.

문준경 전도사 기념관을 들러보고 엘도라도리조트에서 커피 한잔하고 증도의 맨 끝자락인 왕바위 선착장까지 차로 갔다. 선착장에서 남쪽으로 보이는 섬이 신안군의 자은도다. 이 섬은 내일 목포를 거쳐 차로 들어갈 것이다. 목포로 돌아와 오션스테이호텔에 여장을 풀었다. 오픈한 지 일년 조금 더 지난 새 호텔이다. 방에 들어가니 더블침대 2개에 방이 깨끗하고 따뜻하고 안락하다.

호텔에 도착한 후 아쉬운 점을 발견했다. 증도에서 꼭 체험해 보아야 할 곳을 놓쳤다. 증도에서 약 1km 떨어진 화도를 연결하는 노둣길이 있다. 이 길은 썰물 때면 물이 다 빠져 걸어서 왕래할 수 있는 길이다. 화도에 사는 사람들이 뻘에 발이 빠지지 않도록 돌을 하나, 둘 놓으면서 만들어졌다. 그 후에는 많이 보완해서 시멘트 길이 되었다는데 미리 알았더라면 한번 걸어 보면 좋았을 걸 하는 아쉬움이 남는다. 글쎄 한 번 간 길에 모두 다 경험해 보면 다음에 갈 일이 없지 않을까? 다음 번 증도에 가면 체험해 보리라는 마음으로 위안을 받는다. 저녁 식사는 낮에 게장 정식과 짱뚱어탕으로 잘 먹어서 해안가에 있는 곰탕집 '백년손'에서 수육 곰탕을 맛있게 먹었다.

1월 17일(일).

호텔 방에서 예배를 드린 후 9시 반경에 호텔을 출발했다. 신안군은 섬들이 많다. 신안군청은 목포 건너편 섬 압해도에 있다. 압해도와 암태도를 연결하는 7km가 넘는 대교의 이름이 천사대교다. 천사대교란 신안군이 만들어 낸 이름이다. 1004개의 섬으로 이루어진 군이라는 의미다. 압해도에서 천사대교를 지나면 암태도이다. 이 섬으로부터 자은도, 팔금도, 안좌도, 자라도가 모두 다리로 연결되어 있다. 섬들이 모두 연륙교로 연결된 육지다.

어제 갔던 증도를 바라보는 자은도 북쪽 끝에 도착하니 하늘에서 눈발이 흩어져서 뿌려진다. 부두라고 할 수 없는 선착장에는 물이 빠져 있고 선착장에서 약 1km 떨어진 바다 가운데 있는 옥도라는 섬이 썰물에 바닷길을 열고 우리를 향해 걸어 들어오라고 손짓한다. 팔순을 바라보는 자형과 고희를 넘긴 누님도 소싯적으로 돌아가 옥도를 향해 반갑게 두 손을 흔든다.

점심은 옥도를 바라보면서 준비해 간 빵과 과일을 먹었다. 호

텔로 돌아와서는 해안가 회센타 용성식당에서 잘 차려진 회를 맛있게 먹었다. 여행은 숙소와 음식이 좋아야 하는데 호텔에 돌아와서는 만족한 마음으로 하루의 피곤을 푼다.

1월 18일(월).

자고 나니 눈이 쌓였다. 부산에서는 볼 수 없는 눈이라 반갑다. 눈이 눈에 들어가니 목포의 눈물이 된다. 눈에만 담고 가기 아쉬워 아내를 불러내어 눈을 사진에 담는다.

목포를 떠나면서 목포의 눈물 시비(詩碑)가 있는 유달산, 노적봉, 이순신 장군상을 보고 유명한 목포 갓바위에 들렀다. 갓바위는 영산강 하구 담수와 해수가 만나는 곳에 풍화작용을 거치면

서 천연기념물 500호를 만들어 내었다. 그냥 지나쳤으면 아쉬웠을 멋있는 곳이었다. 갓바위를 보기 위해 조수 간만의 차가 심한 해안가에 부교를 만들어 두었는데 밀물과 썰물에 구애받지 않고 스스로 뜨고 내리는 부교를 처음 보는 아내는 걸으면서 몹시 신기해 했다.

남도여행을 출발할 때부터 아내는 전라도 한정식을 노래했다. 그래서 찾은 곳이 강진군청 근처에 있는 한식집이다. 강진은 청자 도자기로 유명한 곳이다. 이곳 음식점 청자골 종가집에서 잘 차려진 4인 12만 원짜리 진연상을 받았다. 아내는 음식이 남으면 싸가야 하지 않을까? 기대 반 걱정 반이었는데 웬걸 남은 음식 하나도 없이 그릇들을 깨끗이 비웠다. 맛있는 한식이다. 음식점이라기보다 대궐집에 귀한 손님으로 초대받아 식사한 느낌을 받았다.

점심을 잘 먹고 나와 다산 정약용의 유배지를 보았다. 다산 정약용(1762-1836)은 실학을 집대성한 실학자다. 그의 학식에 탄복

한 정조는 그를 무척 총애했다. 그러나 신유사옥 후 전라도 강진으로 유배를 당한다. 정조는 천주교에 대해 우호적이었으나 1800년 순조 즉위 후 천주교와 남인에 대한 탄압이 심해졌다. 신유사옥이란 순조 즉위 후 영조의 계비인 정순왕후가 수렴청정을 하면서 사학(邪學)을 엄금하고 이를 범하는 자에게는 반역죄를 적용했는데, 이유는 천주교가 혈연과 군신의 관계를 부정하여 인륜을 무너뜨린다는 것이다.

이로 인해 신자 100여 명이 처형되고 400여 명이 유배됐다. 정약용은 경기도 광주 출생으로 아버지는 진주목사였지만 이때 정약종(약용의 형)은 참수형으로 처형되고 정약전, 정약용 형제는 유배를 당해 정약전은 흑산도로, 정약용은 강진에 유배된다.

1801년 11월에 유배된 다산이 주막집 할머니의 배려로 골방

하나를 얻어 거처로 삼아 4년간 머문 곳이 지금의 사의재가 됐다. '사의재'(四宜齊 마땅할 의, 가지런할 제)란 네 가지를 올바르게 하는 자가 거처하는 집이란 뜻이다. 즉 생각을 맑게, 용모는 단정하게, 언어는 적게, 행동은 무겁게 하는 것이다.

다산은 할머니의 권고로 다음 해인 1802년부터 제자들을 가르쳐 강진 6제자를 두었고, 1806년 이학래의 가택으로 옮겨 교육에 정진한다. 이학래는 강진 6제자 중 막내다. 1808년 이학래의 집에서 도암 귤동마을 초당으로 옮겨 유배가 풀리는 1818년까지 10여 년을 머물며 가르쳤다. 이곳 초당에서 다산 정약용은 목민심서를 비롯한 600권의 저술을 완성한다. 1818년 57세 되던 해에 유배에서 풀려나 남양주 생가인 여유당에서 1836년에 세상을 떠났다.

그렇게 보너스로 다산의 유적지를 보고 얼마 떨어지지 않은 곳에 '모란이 피기까지는'의 시인 김영랑의 생가를 둘러보고 집으로 돌아왔다.

남도 4박 5일의 여행이 끝났다. 다음에는 정약전의 유배지였던 흑산도와 홍도를 둘러보아야겠다. 남도 도서여행도 해외여행이다. 비행기 타고 먼 곳으로 가지 않아도 쉴만한, 볼만한 곳들이 한국에 많이 있다는 것을 느꼈다. 누리는 자는 지혜자다. 감사함으로 누리자.

낚시여행 – 사량도(蛇梁島)

　　내가 태어나 초등학교 졸업 때까지 자란 동네가 못골이다. 큰 저수지가 마을 뒤 산자락에 있었다. 그래서 동네 이름도 대연동이다. 어릴 때 고등학교 선생님이셨던 아버지가 이 연못에서 낚시할 때가 종종 있었는데 미끼로 집 밭에서 지렁이를 잡아 제법 큰 붕어를 낚아 올리던 기억이 은퇴 후 낚시해 보고 싶은 마음을 주었다. 목회할 때는 한 번도 해 보지 못했고 할 수도 없었던 낚시를 이제 경험해 보는 것이다. 낚시점에서 장비를 구입하고 낙동강변에 앉아 고기 같잖은 고기를 몇 번 잡아본 후 이제는 바다에서 낚시하고 싶은 생각이 들었다.

　　지난해 9월에 한산도를 다녀온 이후 '도서(島嶼)여행!'을 외쳤고 그동안 아내와 함께 몇 차례 남도 도서여행을 했다. 그런데 이번 4월 아내에게 도서여행을 가자고 했더니 이번엔 혼자 가란다.

노모를 두고 또 간다는 것이 마음 내키지 않은 것 같다. 나도 이번 도서여행에서는 하루 종일 바다낚시를 해보고 싶은 마음이 있어 혼자 도서여행을 떠났다. 목적지는 통영 사량도(蛇梁島)다.

여행(旅行)은 길 가는 것이다. 여행의 사전적 정의는 '자기가 사는 곳을 떠나 유람을 목적으로 객지를 두루 돌아다님'이다. 나그네 여(旅), 걸을 행(行), 다닐 행(行)이니 자기가 살던 집을 떠나 걸어다니는 것이다. 나그네란 집을 떠나 객지에 머무르는 길손이다. 다른 고장이나 다른 나라에 가는 일이 여행이며, 여행에 있어 중요한 것은 자기가 살던 집이 출발점이자 종착지가 된다는 점이다.

박목월 시인이 어느 날 자기 고향 경상북도 경주로 벗 조지훈을 초대했다. 조지훈은 경주의 풍광과 목월의 인정에 감명받아 편지로 완화삼이란 시를 써 보낸다. '완화삼'은 꽃무늬 적삼을 즐긴다는 뜻으로 꽃을 즐겨 구경하는 선비를 말한다.

'완화삼'(玩花衫) - 목월에게

차운산 바위 위에 하늘은 멀어
산새가 구슬피 울음 운다.
구름 흘러가는
물길은 칠백리(七百里)

나그네 긴 소매 꽃잎에 젖어
술 익는 강마을의 저녁 노을이여
이 밤 자면 저 마을에
꽃은 지리라
다정하고 한(恨) 많음도 병인 양하여
달빛 아래 고요히 흔들리며 가노니

이에 목월이 '나그네'로 화답했다. 나그네는 박목월의 대표적인 시다. 차운(次韻)이란 남이 지은 시에서 운자를 따서 시를 짓는 것을 말한다.

강나루 건너서 밀밭 길을
구름에 달 가듯이 가는 나그네
길은 외줄기 남도 삼백리
술 익는 마을마다 타는 저녁 놀
구름에 달 가듯이 가는 나그네

나그네는 집을 떠나 길을 가는 자다. 그리고 가는 길은 끝이 있다.

울산에 빼빼가족으로 알려진 유명한 가족이 있다. 일가족 5명이 1년간 버스로 유라시아 대륙을 일주했다. 버스라고 해야 중고 마을버스를 구입해 가족들이 먹고 잘 수 있는 캠핑카로 개조한 것이다. 남편은 52세, 아내는 48세 때다. 다니던 직장은 그만두고 여행경비를 위해 아파트를 팔고 시골에 조그마한 집을 지었다. 학교 다니던 자녀들은 학교를 쉬고 검정고시를 준비토록 하고… 이만하면 여행에 미친 가족들이라고 할 수 있겠다. 여행을 마친 후 TV 아침마당에 출연한 가족들에게 사회자가 '남편이 이런 여행을 제안했을 때 기분이 어떻더냐?'라고 물었다. 아내와 자녀들의 대답은 '앗싸!'였다. '앗싸!'

속초서 배에 버스를 싣고 가족들이 블라디보스톡에 도착한다. 거기서 시베리아를 횡단하여 포르투갈까지 갔다가 실크로드를 거쳐 한국으로 돌아왔다. 참으로 겁이 없고 간이 부었다고 할 수 있다. 버스 이름을 '무탈'(無頃)이라고 지어 여행 중에 어떤 어려움도 없을 것을 기원했다. 그토록 여행에 목을 매었던 가족인데 다시 블라디보스톡에서 배에 차를 싣고 속초로 돌아왔다. 한국으로 돌아오는 배를 타는 순간 이젠 집에 간다고 모든 식구들이 감격스러워하며 방에서 춤을 추는 모습이 인상 깊었다. 1년여의 여행은 좋았지만 중간중간 어려움도 많았다. 그런데 여행을 끝내고 집에 돌아간다니 얼마나 기쁘고 좋았던지! 여행길의 끝은 집이다. 돌아갈 집이 있을 때 여행은 재미가 있고 기대가 되며 설렌다.

여행에는 여러 다양한 명칭을 붙인다. 역사기행, 미식여행, 풍물기행, 골프여행, 온천여행 등이다. 그 이름에 맞는 여행의 성격이다. 그 목적에 맞추어 여행 일정을 잡으면 된다. 어떤 이는 여행때 패션에 잔뜩 신경 쓰는 사람도 있다. 그래야 나중에 사진이 인상깊게 남는다는 것이다. 나는 복장엔 별 관심이 없다. 먹는 것도 그렇다. 그래서 나중에 사진을 보면 배경은 다른데 옷은 똑같아 아쉬움이 남기도 한다.

관광(觀光)여행은 자연 경치의 아름다움을 보고 감탄하면서 창조주 하나님을 생각하며, 차로 드라이브하는 가운데 절로 찬송이 입에서 터져 나오는 여행이다. "날은 날에게 말하고 밤은 밤에게 지식을 전하니 언어도 없고 말씀도 없으며 들리는 소리도 없으나 그의 소리가 온 땅에 통하고…"(시 19:2-4). 말이 필요 없이 보는 것만으로도 감사와 찬송이 넘치는 여행이다. 관광(觀光)이란 빛을 본다는 뜻 아닌가? 나는 이것을 영감(inspiration)을 받는 것으로 생각한다. 눈으로 보면서 느끼고 깨닫는 것이다.

혼자 도서여행을 하면서 느끼는 바가 있다. 사람은 함께 살아가는 존재다! 함께 해야 즐거움은 배가가 되고 슬픔은 나눈다. 그래서인가 집을 떠날 때가 목요일이다. 4박 5일 일정의 여행이라고 말하고 출발했으나 2박만 하고 토요일 오후에 집으로 돌아왔다. 빼빼가족도 5인 모든 가족이 함께 했기에 1년을 버텼을 것이다. 다음 여행에는 반드시 아내와 같이 와야겠다.

통영에 목요일 오후 5시 넘어 도착했다. 여객선 터미널 앞에 있

는 한산호텔에 여장을 풀고 쉬었다. 다음 날(금) 일찍 아침을 먹
고 미륵도 서쪽 풍화일주도로를 타고 함박마을에 도착했다. 한려
해상국립공원의 아름다운 해안 풍경 속에 있는 마을이다. 조용
한 배 선착장에서 종일 혼자 낚시를 즐겼다. 오늘 미륵도 낚시를
위해 미끼와 밑밥을 19,000원, 점심으론 파리바게트에서 6,300
원짜리 샌드위치를 샀다. 8시 반경에 낚시터에 도착해 오전 내내
한 마리도 못 잡고, 선착장 부교에 앉아 4시 반까지 망상어 조그
마한 것 10마리 정도 잡아 바다에 놓아 주었다.

　결론은 '낚시는 내게 맞지 않는다'라는 것이다. 대물을 잡은 것

도 아니고, 종일 앉아 이 정도라면 오늘 경비로 큼직한 고기를 사서 들어가는 것이 훨씬 나을 것이다. 해서 낚시는 오늘로 종강(긴 방학 후 언제 개학할지…)이다. 이런 결론을 얻은 것이 큰 소득이다. 다시 통영으로 돌아와 한산호텔 옆의 호텔에 들어갔다. 아내에게 카톡으로 호텔명을 말했다. Adios Hotel이라고. 아내의 답이 "이름이 별로네요. 작별인사로 헤어질 때 말하는 'farewell-안녕!' 이란 뜻인데…" 인터넷을 찾아보니 스페인어다. 짐 리브스가 불렀던 'Adios Amigo'(친구여 안녕)가 생각났다. 그래서 적용하기를 '낚시여 안녕!'이다.

　　다음 날 토요일 일찍 호텔의 간단한 조식을 먹고 사량도 여객선 터미널이 있는 가오치항으로 갔다. 9시 배를 타고 사량도로 들어가는데 관광객들이 많다. 외국 젊은이들이 그룹으로 타고 같이 들어갔다. 40분의 항해 끝에 사량도에 도착했다. 사량도란 이름은 상도, 하도 사이의 물길이 뱀처럼 좁고 구불구불거린다고 붙인 이름이다. 아내가 더럽다고 카톡을 보낸다. 그러나 경치는 아름답다.

　　상도와 하도를 잇는 사량대교를 걸으면서 아래로 맑고 푸른 바다를 보며 상도의 높이 솟아 있는 산을 보는 경치는 일품이다. 사량도의 관광은 사량대교를 걸으며 영감을 받는 것으로 하고 다시 가오치항으로 돌아오는 배를 탔다. 선착장 부근에 낚시하는 사람이 보여 그에게 다가가서 물었다. "고기가 있습니까?", "없어요! 장소를 옮겨 다른 곳으로 갈까 해요." 나랑 비슷했다. "세상

에서 할 일 없는 사람이 낚시하는 사람이고, 그보다 더 할 일 없는 사람은 낚시를 구경하는 사람"이라고 일전에 김원기 목사가 한 말이 떠올랐다.

통영으로 돌아와 여객선 터미널 앞에 있는 서호시장에 들렀다. 싱싱한 멍게 3만 원어치를 사고, 갈치와 도다리 고등어를 6만 원어치 사서 호기롭게 집으로 돌아왔다. 돌아올 집이 있으니 여행이 있다. 인생 나그네 길의 끝은 돌아갈 내 본향- 내 주님과 함께하는 집이다.

내가 낚시한 것보다 훨씬 싱싱하고 맛있는 멍게와 아내가 만들어 준 도다리 미역국을 저녁 식사로 먹으며 사량도 도서여행을 마친다.

도서(島嶼)여행 - 완도, 청산도

코로나 19 팬데믹으로 해외여행이 막혔다.

작년 9월 한산도 여행을 아내와 2박 3일간 다녀온 후 도서여행을 해야겠다고 생각했다. 그동안 남도 여러 섬을 다녀왔다. 다녀와서 느낀 점은 한반도는 금수강산이요 아름다운 곳이 참으로 많다는 것이다. 사람들이 해외여행들을 선호하는 경향이 있지만 국내여행 역시 해외여행 못지않게 좋다. 그중에도 도서여행이 백미다.

도서(島嶼)란 섬(島)과 작은 섬(嶼)을 일컫는 말이다. 대한민국은 반도(半島)를 국토로 가지고 있다. 반도란 육지, 대륙으로부터 돌출하여 삼면이 바다로 둘러싸여 있는 땅을 말한다. 그래서 절반쯤은 섬과 같은 육지다. 한반도(Korean Peninsula)의 남쪽에 돌출되어 있는 작은 반도와 섬들이 있다. 전남 고흥은 고흥반도로 불린다. 그리고 다리로 연결되어 육지처럼 되어 있는 섬들은 또 다른 반도로 볼 수 있다. 서울에서 볼 때 오른쪽부터 진도, 완도, 여수, 남해, 통영, 거제 등이다. 도서여행은 이 작은 반도를 중심으로 이루어진다. 이곳에 다도해해상국립공원, 한려해상국립공원이 있다.

이번 여행은 완도와 청산도가 목표였다. 완도로 가는 길은 부산서 남해고속도로(10번)를 타고 곧장 가면 4시간 남짓 소요된다. 거리로는 330km 정도다. 그런데 도중에 아름다운 다도해 풍경을 접하고 싶어 여수에서 고흥반도의 끝 녹동항에 도착하는 여정을 택했다. 이 길 이름이 '백리섬섬길'이다. 여수의 남쪽 끝 돌산도에서 화태도로 연결되는 연도교를 지나 10개의 섬을 지나 고흥군 영남면까지 모두 연결하는 11개의 형식이 각기 다른 교량이 건설된다. 그중 7개의 다리가 2020년 2월 완공되어 차로 여수 화양에서 고흥 영남까지 15분이면 건너갈 수 있게 됐다. 나머지 4개

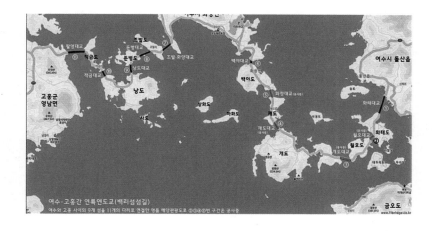

의 다리는 2028년 완공을 목표로 하고 있다. 지난달 고흥 거금도에서 돌아올 때 녹동항에서 여수까지 이 길을 통해 왔는데 다리가 너무 아름답고 경치가 좋아 다시 이 길을 택했다.

가냘프고 고운 여자의 손을 섬섬옥수(纖纖玉手)라 했던가. 섬과 섬을 연결하는 백리섬섬길은 섬섬옥수보다 더 예쁘고 평화롭다. 하늘색도 도시와 다르게 자연적이다. 팔영대교를 넘어 고흥 영남에 이르자 팔영산의 모습이 드러난다. 팔영산은 고흥 8경에 들어가는 산인데 모두를 품을 듯하고 모두를 제압할 듯한 자태다. 다음에 시간을 내어 팔영산 자연휴양림의 공기를 폐부 깊숙이 들이마셔야겠다.

집에서 7시에 출발해 녹동항(고흥군 도양읍)에 도착한 시간은 11시 조금 넘었다. 이곳에서 장어탕을 점심으로 먹었는데 일품이다. 1시에 금당도로 들어가는 배에 차를 싣고 탔다. 금당도 율포항까지는 45분 소요된다. 아내와 두 사람 뱃삯이 차를 포함해

27,700원, 차로 금당도를 일주하고 4시에 가학항에서 장흥군 노력도(老力島) 회진항까지 21,600원의 선가를 내고 탔다. 시간은 25분 소요되는 짧은 거리다. 회진항에서 완도항까지는 50km인데 차로 1시간이면 족하다.

금당도, 금일도, 거금도, 고금도, 금오도 등 '금'자가 붙은 섬들이 너무 많아 다녀온 후에도 헷갈린다. 금당도를 차로 일주하는 데는 시간이 얼마 걸리지 않는다. 그런데 금당도에서 특이한 것을 본다. 웬 조상의 묘를 그렇게 정성스럽고 사치스럽게 만들어 두었는지… 바로왕의 피라미드 같은 느낌을 받았다. 제법 넓은 묘터에 석물로 장식하고 묘 경계는 관상목을 심었는데 동네 주민들이 서로 경쟁적으로 죽은 부모에 대한 효심을 드러내는 것처럼 보였다. 죽은 부모를 조상신처럼 여기는 것 같았다. 살아 있을 때 잘하지!

완도(莞島)는 오래된 역사를 가지고 있다. 신라시대 때 장보고가 완도 청해진에 군사 기지를 두고 뱃길로 동남아와 무역을 했던 곳이다. 완도의 완(莞)자는 빙그레 웃을 완이다. 완도군은 모두 섬으로 이루어져 있다. 빙그레 웃음이 나올 만한 정겨운 곳이다. 완도읍은 완도 여객선 터미널이 있는 항구로 도시에 버금가는 읍이다. 여기서 제주도, 추자도 등으로 여객선이 출발하고 그외에 많은 도서로 배들이 다닌다. 완도 여객선 터미널 건너편 언덕에 파크힐호텔이 있다. 거기에 여장을 풀었다. 호텔이 깨끗하고 시설이 좋다. 일본 여행을 여러 번 갔는데 일본 비즈니스호텔보다 훨씬 넓고 안락하다. 오션뷰가 7만원, 마운틴뷰가 6만원인데 오션뷰를 택했다.

다음 날 아침 청산도에 들어가는 8시 반 배를 타려고 계획했는데 일찍 깼다. 어젯밤에 사 온 뚜레쥬르 샌드위치로 6시에 방에서 조식을 해결했다. 그래서 7시 배로 들어가려고 계획을 수정했다. 내 손목시계가 6시 30분을 가리키고 있었기에 충분한 시간이라 생각했다. 그런데 차를 타고 차 시계를 보니 6시 53분이다. 호텔서 출발해 주차하고 표를 사서 승선하려면 시간이 안 될 것 같았다. 그래도 갔는데 7시에 배를 겨우 탔다. 숙소가 가까운 호텔이라 가능했다.

청산도는 슬로(slow) 섬이다. 보리밭과 유채꽃이 유명해 4, 5월이 성수기다. 6월부터는 비수기에 접어든다. 늦가을에 단풍이 들기에 12월에도 단풍을 볼 수 있다. 그래서 단풍이 드는 가을부터는 다시 성수기다. 도서여행은 주로 차를 배에 싣고 들어갔다. 하지만 이번엔 주차장에 차를 두고 갔다. 청산도에 도착하니 버스가 기다린다. 종점까진 15분 걸리고 차비는 편도 1천 원이다. 버스기사가 친절해 종점 전 마을에서 내려주고 천천히 구경하면서 다음 시간인 9시 40분까지 신흥리 정류소로 오라고 한다. 아내와 천천히 걸어 구들장 논을 보고 돌담길을 따라 걷는다.

청산도는 서편제를 비롯한 여러 영화를 촬영한 곳이다. 다시

그 버스를 타고 오면서 서편제 촬영지에 내려 달라고 기사에게 부탁하니 친절히 내려 준다. 촬영장 현지 안내원이 잘 설명해 주고 오후 1시 배로 완도로 돌아간다고 하니 항구에서 마을버스로 서쪽으로 한번 더 다녀가라고 안내한다. 또다시 항구에서 아내와 함께 마을버스를 탔는데 우리 두 사람뿐이다. 마을버스를 전세 내었다. 왕복 요금이 4천 원인데 1만 원을 주었다.

청산도는 전복 생산이 전국 으뜸이다. 일하는 일꾼들은 동남아인들이 많이 보인다. 마을버스를 운전하는 여자기사의 이야기로는 동남아인 부부 일꾼을 한 달 250만 원의 임금으로 일을 시킨다고 한다. 우리나라는 이제 선진국이다. 1960년대 미국으로 유학 간 학생들은 접시닦기 등 육체노동으로 일하며 생활비를 벌었다. 은사이신 오병세 교수는 장례식 때 관을 들고 운구하는 아르바이트를 하면서(신학생이 운구하면 좋다나) 어렵게 공부를 했

다는데… 이제 동남아에서 일하러 오는 인력이 없으면 농사도, 어업도, 식당도 안 되는 지경이 됐다. 청산도항에 8시 넘어 도착해 오후 1시 배로 나왔으니 5시간 정도 짧은 여정이었지만 인상이 깊게 남는다. 다음번에 다시 와서 미처 못 본 범바위도 보면서 슬로(slow) 섬을 천천히 둘러보아야겠다.

완도에 다시 도착해 청해진 장보고 유적지인 장도(將島)로 향한다. 장보고의 본거지다. 완도 거리에 눈에 띄는 것은 장보고 마트다. 장보고 장갑집도 있다. 장보고 장갑을 끼고 장보고 마트에서 장을 보는 곳이 완도다. 그런데 장보고 기념관과 청해진을 보니 우리나라 해군의 자존심인 3,000톤급 잠수함 장보고함이 새삼스럽다. 신라시대에 중국을 넘어 동남아 실크로드까지 해양진출을 한 장보고가 자랑스럽다. 당시의 청해진을 둘러싸고 있던 해

변가 물속의 목책(木柵) 흔적도 둘러보았다.

　완도에서 1시간 거리에 있는 해남 땅끝마을로 향했다. 한반도의 끝이 땅끝마을이다. 삼천리 반도라고 할 때 땅끝마을에서 서울(한양)까지가 천리요, 한양에서 함경북도 온성까지가 2천리다. 그래서 이곳은 한반도 여행이 시작되는 곳이라고 땅끝타워 기념사진을 찍는 곳에 적혀 있었다. 땅끝은 한자로 토말(土末)이다. 해변 땅끝탑 가는 길목에 향토 시인들의 시가 길가에 붙어 있었는데 토말을 노래한 시가 보였다. 땅끝에서 배를 타면 보길도로 들어간다. 흑일도, 백일도로 가는 여객선도 선착장으로 들어오고 나가는데 평화롭게 보인다.

　땅끝타워 전망대에서 보니 오른쪽 멀리 희미한 모습으로 진

도가 보인다. 왼쪽에는 여러 섬이 다도해를 이룬다. 진도는 지난 1월에 갔던 곳이다. 전망대에서 보는 희미한 진도의 실루엣은 가보지 않은 사람에겐 한번 갔으면 하는 선망의 장소가 될 것이다. 그러나 이미 다녀온 나에게는 그 섬도 별것 아닌데 하는 마음이다. 그러나 행복은 멀리서 찾는 것이 아니다. 내 곁에 있는 것을 가치 있고 소중히 여기고 느끼는 것이다. Now and Here!

이제 숙소에 들어가야 하는 시간인데 뚝 떨어져 있는 땅끝마을에서 자는 것이 내키지 않아 한 시간이 채 안 걸리는 해남읍에서 자기로 한다. 종일 운전을 해서 다시 해남읍으로 나가는 것이 부담이었지만 해남에 도착해 모텔 SP에 들어가는 순간 결정을 잘했다는 안도감이 들었다. 깨끗한 트윈베드에 주변 환경이 조용한 것이 피로를 풀어줄 것 같다. 잠시 쉰 후 소망식당에서 뚝배기 불고기 정식을 먹는데 그 맛이 일품이다. 다음엔 식사를 위해 해남으로 다시 와야겠다는 생각을 했다.

백리섬섬길, 아름다운 연도교를 건너, 차를 배에 싣고 금당도, 노력도를 지나 빙그레 웃으며 들어간 완도, 그리고 청산도와 땅끝마을, 해남까지 2박 3일의 여행은 결코 3일이라고 여겨지지 않는 여운이 남는 긴 여행이었다. 가까운 사람을 안내해 다시 슬로(slow) 여행을 하고 싶은 도서여행이었다.

도서여행 - 흑산도, 홍도

1.

흑산도행 배를 탔다. 풍랑 관계로 어제는 배가 운항되지 않았다. 어젯밤까지 풍랑으로 운항 여부가 불투명하다. 새벽 6시 선사에 전화하니 7시에 다시 전화해 보란다. 호텔에서 6시 40분에 나왔다. 터미널에 도착해 주차하고 7시 10분이 되어서야 정상 출항 사인이 뜬다. 첫 번째로 승선권을 사서 탑승하여 7시 50분에 출항했다.

도서여행을 선포하고 아내와 함께하였던 여행인데 '흑산도는 너무 멀다'라며 사양하는 아내를 두고 홀로 흑산도행 배에 몸을 실었다. 전라남도에는 수많은 섬이 있다. 신안군을 '천사의 섬'이라 하는 것은 군내에 1004개의 섬이 있다는 것이다. 이 섬들을 다 돌아볼 수 없기에 흑산도가 도서여행의 끝이며 도서여행의 백미가 될 것을 기대하고 배에 앉았다.

흑산도는 정약용의 형 정약전이 귀양 와서 생을 마친 곳이다. 지난 1월 진도 여행 때 강진에서 다산 정약용을 만났고 형 정약전에 대한 기록을 접했다. 그때 흑산도는 반드시 가보아야겠다고 생각했다. 정약전은 1801-1816년 신유박해 때 천주교 신봉 및 사학죄인의 죄목으로 흑산도에 귀양 왔다. 그래서 이번 흑산도 여행에서 한 주간 정도 귀양살이 체험을 해 볼 생각이다. 아내에게도 흑산도 귀양살이 간다고 말했다.

섬에 귀양살이한 성경 인물이 있다. 바로 사도 요한이다. 에베소에서 배를 타고 가는 밧모섬은 사모섬으로부터 45km 떨어져 있는데 몇 년 전 동부시찰 목사님들과 다녀왔던 곳이다. 요한은 밧모섬에 18개월간 귀양살이했다. 주후 95년 도미티안 황제 때 종교적 이유로 밧모섬으로 귀양 가 그곳에서 주의 환상과 계시를 받았다. 그때 기록된 것이 요한계시록이다. 2천 년 전 밧모섬 귀양살이가 어떠했을까? 감히 비교될 수 없겠지만 흑산도 여행에서 쬐끔 느껴 보려고 한다.

쾌속선이라 항해 시간은 2시간 소요되는데 출항 40분이 지나 팔금도와 안좌도 사이를 지나니 파도가 심하게 느껴진다. 배의 창에는 파도가 뿌린 물결이 시야를 가린다. 출항 후 얼마 지나

흑산도 부근 파도로 인해 멀미가 있을 수 있으니 1층 매점서 멀
미약을 구입할 수 있다는 안내 방송이 생각난다. 도초도를 지나
니 좌우에 섬들이 없는 망망대해라 파도와 너울이 거세다. 이제
한 시간 동안 파도를 헤치며 가야 한다. 배가 높이 들렸다 꽝하고
소리내며 바닷속으로 내려간다. 한참을 파도와 싸우며 나가는데
흑산도의 자태가 눈에 들어온다. 10여 분 정도 가면 도착할 것이
다. 한결 마음이 놓인다.

흑산도항 긴 방파제를 지나
여객선 터미널에 도착하는 기
분은 지난 번 거문도에 갔을 때
와 비슷하다. 그 방파제 입구엔
머나먼 눈에 보이지 않는 육지
를 바라보고 있는 '흑산도 아가
씨' 동상이 서 있고 방파제 끝
엔 흰 등대가 있는데 흑산도 노
래 가사가 벽에 새겨져 있다. 숙
소는 배를 타고 들어가면서 '화
성민박'집으로 예약했는데 바
다가 양옆으로 보이는 전망 좋
은 방이다. 기름보일러 온돌방

에 요를 깔아 따뜻하게 해 두었다. 1박에 4만 원짜리인데 호텔보
다 더 편안한 귀양살이 체험이 시작된다.

2.

오늘은 역사기행하는 날이다. 흑산도는 섬 자체로 자랑할 것이 별로 없는 것 같다. 여객터미널에 도착하면 '자산도서관'이 자리하고 있고, 흑산도 이름을 새긴 대형바위 팻말 뒷면에는 이곳에 유배 온 손암 정약전에 대한 설명이 기록되어 있었다.

'자산도서관'은 정약전의 생애와 업적을 설명해 놓은 조그마한 도서관이다. 관광 안내서에는 정약전의 유배지인 사리마을에 있는 '유배문화공원'을 가장 중요한 관광지로 소개한다. 이 공원에는 고려시대부터 이곳에 유배 온 중죄인들의 비를 세워 두고 각 개인의 죄목을 기록했다. 임금께 상소를 올려 충언한 것을 죄로 몰아 귀양 온 자들도 많다. 정쟁의 희생물이 되어 온 자들이다.

귀양살이라고 다 같은 것이 아니다. 귀양은 세 가지로 나뉘어진다. '본향안치'(本鄕安置)는 자기 고향을 거주지로 제한하고 지역 주민들과도 일정 교류가 허용되는 경한 귀양이다. '절도(絶島)안치'란 절해고도 같은 곳에 거주지를 제한하여 처자와도 연락할 수 없는 중한 귀양이다. '위리(圍離)안치'는 가장 심한 귀양살이로 죄인이 있는 집 주변을 탱자나무 등 가시나무로 모두 막아 사람의 접근을 일절 금하며 음식만 넣어 준다. 위리안치된 자는 두문불출(杜門不出)이다. 문밖을 나올 수 없다. 얼마 지나 사형을 집행할 그런 중죄인의 귀양이다.

　　정약전은 이곳에서 서당을 세워 제자들을 두었고 이곳 어부
들과 접하면서 흑산도에서 잡히는 어족(魚族)을 분류한 '자산어
보'를 책으로 남겼다. 어류 백과사전인 셈이다. 이 책을 '자산'이라
고 한 이유는 자(玆)란 글자에 黑이란 뜻도 있기에 흑산이란 말
이 너무 어둡고 침울해서 흑산 대신 자산이라 했다. 정약전은 동
생인 다산 정약용과 함께 서학과 천주교 신봉의 죄목으로 귀양
을 갔다. 강진으로 귀양 간 정약용은 얼마 후 사면이 됐다. 하지
만 형 정약전은 16년 귀양살이 끝에 인근 섬(우이도)에서 생을 마

친다. 그러나 절망적인 환경에서도 연구하고 가르친 그의 삶은 평가할 만하다.

3.

　오늘은 관광기행하는 날이다. 흑산도는 별 자랑할 것이 없는 것 같다. 흑산도 아가씨를 노래한 이미자가 가장 유명한 인물인 것 같다. 흑산도 방파제 입구엔 흑산도 아가씨 동상이 서 있다. 저 멀리 보이지 않는 육지를 보려고 손으로 해를 가리며 검게 속이 타 버린 아가씨의 구리 동상과 노래 가사가 방파제 벽에 새겨져 있다.

　아침 7시 반에 마을버스를 탔다. 숙소에서 버스로 15분 정도

항구의 서쪽 산 열두 고비 가파른 길을 올라간다. 여기서 동쪽으로는 흑산도 전경을 볼 수 있고, 서편에는 장도와 저 멀리 있는 홍도까지 선명히 볼 수 있는 전망대가 있다. 이곳에도 '흑산도 아가씨 노래비'가 세워져 있고 가수 이미자가 핸드 프린팅한 조각물이 있다. 나 혼자 승객으로 탄 마을버스에서 내리니 녹음된 이미자의 흑산도 아가씨 노래가 스피커를 통해 구슬피 들린다.

"못 견디게 그리운 아득한 저 육지를 바라보다 검게 타버린 흑산도 아가씨…"

여기서 선명히 보이는 홍도는 오늘 내가 첫 배를 타고 들어갈 곳이다. 전망대에서 아름다운 흑산도와 홍도 전경을 보고 걸어서 여객터미널에 왔다.

9시 50분 홍도행 쾌속선을 탔다. 뱃삯은 경로할인요금이 9,200원이다. 30분 후면 도착할 것이다. 출항 10여 분 지났을까. 왼쪽 선창에 장도의 모습이 가까이 들어온다. 한 20분 지나면 홍도에 도착할 것이란 안내 방송이 들린다.

홍도란 붉은 섬이란 뜻이다. 옛날엔 '홍의도'(붉은 옷의 섬)로도 불렀다. 선착장에서 내려 25,000원 주고 관광 유람선을 탔다. 섬을 일주하는데 유람선에서 보는 광경이 아름답다. 해변을 둘러싼 바위들 색이 모두 다 붉다. 마치 미국의 자이언 캐년의 바위색 같다는 느낌이 들었다. 홍도 터미널에서 내려 식당과 모텔이

있는 좁은 골목길을 오르는 맛은 마치 이태리 아말피 해변 언덕
같다는 생각도 들었다. 아름다운 해안 경치를 지닌 한국 최 남서
쪽 섬 홍도는 400명이 사는 한국 최고의 경관을 지닌 보석 같은
섬이다.

　　4.

　　오늘은 귀양살이 체험의 날이다. 조식으로 미숫가루를 타 먹
고 한두 시간 숙소 앞 방파제에서 낚시줄을 내렸다. 이름도 모를
손바닥 만한 고기를 서너 마리 잡아 바다로 다시 보내 주었다. 고
기에게 자유를 주었다. 9시 목포로 가는 쾌속선이 출항하는 것이
보인다. 나도 오후 배로 나갈까 하는 유혹이 있었으나 절도안치된
죄인이 어찌 마음대로 나가리오.

　　9시 반경 '자산문화도서관' 열람실에 혼자 앉았다. 오전 내내
컴퓨터로 원고를 손본다. 허기를 느껴 식당에서 점심을 먹고 또
책상에 앉았다. 정약전이 쓴 '자산어보'란 번역하자면 흑산도 근
해 고기 족보다. 고상하게 말해서 어류 분류 책이다. 정약전도 귀
양살이 중 낚시로 고기를 잡았을 것인데 무슨 고기인지 이름도 몰
랐고 해서 귀양살이 하는 긴 시간 동안 그곳 어부들이 잡은 고기
들을 살피면서 이름을 확인하고 분류했으니 그는 자연과학자다.

　　오후 3시 반에 또 흑산도 일주 마을버스를 탔다. 일주도로는

1982년에 착공해 30년 만에 완공되었단다. 흑산도 항구를 제외하고 일주도로를 따라 8곳의 작은 포구들이 있다. 포구마다 수십호의 집이 있을 뿐이다. 동네에서 볼 수 있는 사람이라야 죄다 유모차에 몸 의지해 걸어가는 할머니들뿐인 것 같다. 사리마을에 버스가 도착하자 글쎄 10살쯤 돼 보이는 어린 두 딸이 정류소에 서 있지 않는가! 신기했다. 내가 탄 마을버스에 승객은 두 사람 뿐이었는데. 나와 함께 탄 젊은 여자 승객이 내리자 두 딸이 반겼다. 그리고 엄마 보따리에서 과자봉지부터 챙겨 품에 넣고 달려간다.

버스로 섬 전체를 도는데 걸리는 시간은 1시간 남짓이다 버스에서 내려 오늘은 항구 동편 쪽으로 걸어갔다. 예리 전망대가 있는 높지 않은 구릉을 넘어 기상 관측대가 있는 곳까지 갔다 왔다. 왕복에 4km였다. 귀양살이가 그러했을 것이다. 낚시하고 책 보고 걸으면서 파도소리 듣고 아득하고 그리운 뭍을 바라보며 속이 까맣게 타들어가는 흑산(자산)이 절도안치된 자의 마음일 것이다.

나는 내일 아침 배로 뭍으로 나간다. 그러면 귀양이 해제되는 것이다. 나는 그리스도께서 주시는 자유를 만끽하고 살아가는 복된 자다.

5.

새벽 1시에 눈이 떠졌다. 민박집에서 4박을 했는데 따뜻한 기름보일러 온돌방이라 매일 밤 숙면을 취했다. 그런데 오늘은 부산 집에서처럼 1시에 눈이 떠졌다. 뭍으로 나간다는 설렘이 잠까지 깨웠을 것이라 생각해 본다.

도서여행! 사실은 남도여행이었다. 전남 신안군, 진도군, 완도 군, 고흥군, 여수시, 경남 남해군, 통영시, 거제시의 주요 섬들을 둘러본 여행이었다. 특히 전남지방의 섬들을 거치면서 이곳 사람 들에게 많은 친밀감을 느꼈다. 1만 원짜리 장어탕, 백반, 순두부, 닭갈비 등 음식들이 맛있었고 정성이 들어있는 가성비 좋은 음 식들이었다.

승객도 없는 마을버스 기사에게 '이곳 사람들에 대해 호감을 느낀다'고 이야기했더니 웃으면서 "그냥 좋은 추억으로만 간직하 시고 정착할 생각은 마세요"라고 한다. 흑산도 일주 도로가 30년 걸쳐 완공된 것은 예산 때문이지만 주민들 간의 갈등, 질투심, 파 벌 등도 있었을 것이라는 알듯 모를 듯한 말을 남긴다.

이번 여행 계획에 처음에는 가거도도 포함했다. 가거도는 소 흑산도라 불린다. 가거도(可居島)란 사람이 살 수 있는 섬이란 뜻 이다. 거기서 종일 낚시를 할 생각이었다. 그런데 흑산도에서 두 시간가량 두 번 낚싯줄을 드리우면서 얻은 결론은 내게는 낚시가 맞지 않다는 것이었다. 낚시 미끼값으로 생선을 사면 훨씬 크고 좋은 고기를 살 수 있고 그래야 어민도 살 수 있는 것이다. 별것 아닌 손맛을 느낀답시고 온종일 바람 맞으며 위험하게 갯바위 낚시하는 사람들을 보면서 얻은 결론이었다.

홍도를 일주하고 떠나며 선착장에서 반 건조된 제법 큰 우럭 예닐곱 마리를 1만 원에 샀다. 낚시로 이런 것 한 마리만 잡았더라도 혼자서 환호했을 것이다. 그런데 이런 큰 우럭을 1만 원에 7마리나 사다니… 낚시에 대한 미련을 접으니 가거도를 가지 않는 것에 전혀 아쉬움을 못 느낀다. 배 탈 시간은 예닐곱 시간 남았다. 등 따신 온돌방에서 남은 잠을 청해야겠다. 그런데 다시 눈을 뜨니 3시 15분이다. 더 자자.

오늘 타고 나갈 배는 '뉴엔젤호'다. 들어올 때는 동양고속의 '유토피아호'였다. 유토피아란 말은 희랍어로 ou(없는) + topos(장소)다. 낙원, 천국이라고 여겨지는 곳이 이 세상에는 없다는 뜻이다. 엔젤이란 천사란 말이다. 그런데 천사의 섬이라 불리는 신안군의 흑산도 사람은 가슴이 새까맣게 탔고 보석의 섬 홍도의 아름다운 절경 해안가는 해상 쓰레기를 줍는 주민들이 군데군데 보였다. 사람 사는 곳은 어디나 똑같다. 산은 산이고 물은 물이고 섬은 섬이고 뭍은 뭍이다.

6.

신안군을 천사의 섬이라고 부른다. 신안군 관내에 1004개의

섬이 있다는 것이다. 쉽게 믿어지지 않는 숫자다. 그런데 관내에
는 다도해해상국립공원으로 흑산도를 중심으로 흑산군도, 조도
를 중심한 거차군도, 맹골군도, 도초도를 중심으로 우이군도 등
섬들이 떼를 지어 군도를 이룬다. 흑산군도만 해도 유인도 11개
를 포함해 296개의 섬으로 이루어진다. 그러니 대충 천사의 섬
이 되겠다.

　도서여행의 백미가 될 것으로 기대했던 흑산도, 홍도 여행이
끝났다. '유토피아호'를 타고 들어갔다가 '엔젤호'로 나왔던 여행이
었다. 천사의 섬이 유토피아였다(우+토포스, 없는 장소). 1년 넘게

한 달에 한 번씩 섬 여행을 하였는데 다도해해상국립공원이나 일반 섬이나 다 똑같다. 섬은 섬이다. 섬은 사방이 바다로 둘러싸여 있다. 육지에서 가까운 섬은 연륙교 다리를 놓아 육지화 되고 멀리 아득하게 떨어져 있는 섬은 육지가 그리워 새까맣게 가슴이 타는 흑산도가 되는 것이다. 정약전만 절도안치 귀양살이한 것이 아니라 섬 주민 모두가 절도안치요 본향안치 귀양살이 같다. 그러기에 다리를 놓을 수 없으니 비행기가 다닐 수 있게 공항을 만들어 달라고 현수막을 걸어 놓았다. 흑산도 주민이 한때는 만 삼천 명 정도 될 때도 있었다는데 지금은 3천 명이 채 못 된다고 한다. 섬은 노인들만 살고 있는 것처럼 보인다. 정약전이 머물렀던 사리

마을도 사람들이 살다 떠나버린 빈집이 많았다. 마을을 지키고 있는 노인들도 세상을 뜨면 빈집이 될 것이다. 민박집 주인 내외는 아들이 둘 있는데 다 서울로, 충남 서산으로 가서 직장을 얻어 가정을 꾸려 살고 있고 식당집 주인도 두 자녀가 다 서울서 산단다.

조도 여행을 할 때 상조도 사람들이 하조도에만 와도 사람 사는 느낌을 받을 것 같다는 생각을 했다. 진도읍에 나오면 가슴이 뻥 뚫리고 목포에 오면 여기가 서울이라고 느끼리라 생각했었다. 그런데 아득하게 그렸던 서울은 유토피아다. 내가 상상했던 장소가 아니다. 그리움에 사무쳐 왔지만 막상 와 보면 또 다른 바다가 내 주변을 에워싸고 내 마음은 고독한 섬이 되어 내 심장은 흑산이 되고 만다.

섬의 아름다움을 보려고 떠났던 도서여행이었다. 결론은 고기 잡는 것은 어부의 몫이니 그들에게 맡기고 우리는 이 찬송 '내 평생에 가는 길 순탄하여'를 불러야 한다.

When peace like a river attendeth my way,
when sorrows like sea billows roll.
whatever my lot, thou hast taught me to say
"It is well, it is well with my soul."

도보여행 - 걸어서 부산서 서울까지

여행은 여러 가지 장르로 나눌 수 있다. 관광여행, 수학여행, 온천여행, 미각여행, 철도여행, 골프여행, 쇼핑여행 등 여행의 목적과 여행의 수단 등으로 구분할 수 있을 것이다. 그중의 하나가 도보여행이다. 도보여행은 여행의 수단이 발로 걷는 것이다. 학창 시절에 헤르만 헤세의 단편 '도보여행'과 '청춘은 아름다워라'를 읽은 기억이 있다. 이제 청춘을 지나 노년이 되었지만 청년 때에 읽었던 글의 제목이 나로 도보여행을 하게 만들었다. 옛날 교통편이 없었을 때 영남의 유생들이 한양으로 과거를 보기 위해 부산서 한양(서울)까지 걸어서 갔다. 달포쯤 걸리는 시간이었다. 도중에 주막에서 자고 과거시험을 보러 가는 일행과 같이 동행하면서 걷는 것이다.

목사님들은 주로 월요일에 쉰다. 주일예배를 인도하고 피곤하기에 일반적으로 월요일을 쉬는 날로 정한 것이다. 나도 월요일에 쉬면서 하루는 낙동강의 하단인 다대포에서 걷기를 시작했다. 반나절쯤 낙동강변을 따라 북으로 걸어 올라오니 구포역이다. 배낭에 준비해 간 도시락을 길가에 앉아 먹으면서 몇 번 앉아 쉬다가 구포역에 도착해 거기서 지하철을 타고 집으로 온다. 이것이 걸어서 부산서 서울까지 가는 도보여행의 시발점이 됐다.

서울까지의 도보여행은 3구간으로 나누어 걸었다.

첫 번째 구간은 다대포에서 경산역까지였다. 2015년 12월초, 목회하면서 매주 월요일 쉬는 날을 이용해 약 두 달간 계속하니 다대포에서 걷기 시작한 도보여행을 7개 구간으로 나누어 걷게 된다. 다대포, 구포, 물금, 원동, 삼랑진, 밀양, 청도, 경산까지 역을 기점으로 다음 역까지 걷고는 기차를 타고 내려오는 것이다. 낙동강변을 따라 잘 만들어 놓은 갈맷길을 혼자 걷는 길이 얼마나 호젓하고 좋은지… 그렇게 걷기 시작한 것이 경산까지 걷는 것으로 하여 1차 도보여행은 2016년 1월말에 끝났다. 걷는 운동과 주변 경치를 보면서 사색하는 도보여행이 너무 매력이 있었다.

두 번째 구간은 2019년 총회장 임기를 마치고 그해 10월부터 11월까지 2달간 걷는 도보여행이었다. 경산역에서 출발해 대구-구미-상주를 거쳐 문경새재를 넘어 수안보 온천까지 걷는 구간이었다. 1구간을 걷고 난 후 3년도 더 지났다. 하나님께서 1년 반 전 생일 선물로 허리 수술을 통해 걸을 수 있도록 온전케 해 주셨는데 그 다리로 걸었다. 사지가 멀쩡한 것이 얼마나 큰 축복인지를 깨달으면서 걸었다. 이때는 총회장을 마치고 은퇴할 때까지 시간적인 여유가 있었기에 4개 구간으로 나누어 2박 3일, 1박 2일 등으로 계속 걸었다. 지도를 보고 적당한 거리에 모텔과 식당도 미리 정해 두고 걷는다. 작은 배낭엔 물과 간식거리를 넣고 걸으면서 보고 생각한다. 낙동강의 남쪽 끝 다대포에서 걷기 시작한 도보여행은 상주-문경까지 혼자 걷는 여행이었다.

도보여행은 혼자 걷는 여행이다. 인생은 길 가는 나그네다. 찬송가도 고달픈 인생길을 노래했다. "주 날개 밑 내가 편안히 쉬네 밤 깊고 비바람 불어쳐도 아버지께서 날 지켜 주시니 거기서 편안히 쉬리로다 주 날개 밑 참된 기쁨이 있네 고달픈 인생길 가는 동안 나 거기 숨어 돌보심을 받고 영원한 안식을 얻으리라"(찬송가 419장). 어머니는 여러 번 '인생은 혼자 걷는 길'이란 말을 되뇌며 살아왔다. 어머니의 인생길은 고달픈 길이고 눈물이 있고 비바람이 불어치는 길이었지만 주님의 날개 아래 보호하심을 경험하면서 주님이 주시는 안식을 소망하면서 믿음으로 살아온 세월이었는데 이제 95세가 됐다. 도보여행을 하면서 어머니의 말을 생각하며 혼자 걷는다.

2019년 10월 22일 무궁화호 열차로 구포역에서 경산까지 갔다. 경산에서 구미역까지 걸어서 가는 코스는 2박 3일간의 일정인데 하루 평균 걷는 거리가 20km였다. 경산역에서 대구 도심을 걸어 통과해 대구 북구 베네치아모텔서 여장을 풀고 옆에 있는 사우나에서 따뜻한 물에 피로를 풀었다. 다음 날 아침 일찍 출발해 5번 국도를 타고 가산까지 갔다. 오늘도 걸은 거리가 22km다. 이틀을 연이어 걸었더니 발바닥이 좀 불편함을 느낀다. 다음 날 아침 일찍 출발해 구미역에 도착해 점심을 먹는다. 3일을 연이어 150리(62km) 이상을 걸었다. 구미역에서 녹초가 된 몸을 무궁화호 열차에 싣고 부산 집으로 돌아왔다.

한 열흘을 쉬고 11월 2일 다시 기차로 구미역으로 간다. 거기서 선산 버스터미널까지 약 20km 구간을 걸었다. 버스로 구미역으로 와서 열차로 집에 돌아왔다. 11월 5일 선산에서 다시 걷기 시작해 낙단보를 거쳐 상주까지 1박 2일을 걸었다. 선산에서 낙동강을 건너는 선산대교를 걸을 때 자욱히 낀 안개는 몽환적인 기분을 느끼게 한다. 그래, 인생은 이렇게 걷다가 마치는 거야. 마치 여름밤 하늘에 별똥별이 떨어지듯이 하나씩 사라지는 것이다. 출애굽한 이스라엘 백성들이 40년 광야 생활을 하면서 한 사람씩 떨어져 나갔다. 당시 20세 이상의 성인들은 40년을 지나면서 다 죽었으나 광야 생활은 여전했다.

낙단보 봉황모텔서 1박을 하고 새벽 5시경 걷기 시작한다. 새벽에 안개가 너무 자욱하게 끼어 뒤에서 오는 차가 나를 발견하지 못하면 어쩌나 하는 염려에 휴대폰을 켜서 손에 들고 걷는다. 아침 식사를 영남제일로(경상북도 의성군 단밀면에서 상주시 화남면 상주시계까지 이어지는 49.3km의 도로) 상주고개 휴게소에서 할 예정이었다. 휴게소 식당에 들어가니 한적하여 식사를 주문하고 기다리는데 한 분 손님이 앉아 있다. 인사로 말을 걸면서 인상이 참 좋다고 칭찬하는 말을 해 주었다. 그런데 이분이 기분이 좋은지 식당 여주인에게 내 밥값을 내어 주는 것이 아닌가. 모르는 분에게 얻어먹는 것이 그래서 내가 내 식대를 내겠다고 하였지만 주인의 말이 이분은 이곳에서 농사를 크게 하는 분이기에 대접을 받아도 된다고 하여 그만 얻어먹었다. 칭찬은 고래도 춤을 추게 한다고 했는  데 상대방이 듣기 좋은 말을 하는 것은 나에게도 기쁨이요 유익이라는 사실을 깨달았다.

2019년 11월 18일 오늘은 문경새재를 넘는 날이다. 문경새재를 넘어 수안보까지 걷는 이 여정은 주영훈 부목사님, 양주영 강도사님, 권중식 장로님을 일행으로 함께 걸었다. 승합차로 문경까지 가서 주차장에 차를 두고 문경새재를 걸어 넘는다. 일행과 함께 문경새재를 넘으니 한결 기분이 좋았다. 여행엔 길동무라고 했던가? 영남의 유생들이 한양에 과거시험을 보기 위해 걸었던 문경새재를 함께 이야기하며 걸었다. 재를 넘고 걸어서 도착한 수안보 상록온천호텔에서 피곤한 몸을 온천욕으로 풀고 호텔에서 1박을 했다. 다음날은 부목사님, 강도사님, 장로님은 부산으로 돌

아가고 나 혼자 충주까지 걸을 계획이었다.

　　아침에 일어나니 어제 계획대로 실행하는 것보다 함께 부산으로 돌아가야겠다는 생각이 들어 함께 내려왔다. 집에 도착한 시간이 4시 반경인데 아내 얼굴이 하얗게 되어 어쩔 줄 몰라한다. 배가 아프다는 것이다. 밤새 아픔을 견뎠으나 이제는 견디기 어렵단다. 급히 차로 출발해 복음병원 응급실에 도착하였는데 밤 9시에 맹장 수술을 하게 됐다. 아내를 간호하면서 그날 밤은 병실에서 지냈다. 1년 반 전엔 내가 똑같은 모습으로 복음병원 응급실을 통해 들어와 당일 수술을 했는데 아내도 똑같은 일정을 밟는다. 만일 오늘 수안보에서 바로 돌아오지 않고 혼자 도보여행을 계속했더라면 큰일 날 뻔했다. 나는 살면서 하나님의 도우심의 손길을 여러 번 경험했다. 나의 인생길에 나와 함께하시면서 시시때때로 깨닫게 하시고 생각나게 하시고 행하게 하시는 하나님께 감사한다.

세 번째 구간은 은퇴한 후 2021년 12월에 3박 4일간 연속으로 걷는 일정이었다. 은퇴 후 남은 거리를 계속 완주하고 싶었다. 수안보까지 차로 올라가서 서울까지 걸어가는 것보다 고속버스로 서울로 가서 수안보까지 걸어 내려오는 것이 편할 것 같아 아침 일찍 부산에서 서울 강남고속버스터미널로 올라갔다.

첫날은 강남고속버스터미널에서 성남시까지 걷고, 둘째 날은 성남시에서 용인시까지 걸었다. 셋째 날은 용인서 장호원까지 걷고 마지막날은 장호원에서 수안보까지다. 강남고속버스터미널에서 분당을 거쳐 성남시까지 걸었다. 천당 밑에 분당이라는 말을 들었는데 분당을 포함하고 있는 성남시는 대단한 도시였다. 경기도 성남시라는 것이 이런 줄 예전엔 미처 몰랐다는 생각이다. 장호원에서 수안보까지는 자동차 도로로 걷기에 부담이 많아서 시내버스를 이용하고 수안보 온천에 들었다. 부산서 서울까지의 도보여행은 수안보 온천에서 끝났다. 부산서 서울까지의 소구간으로 19구간이 됐다. 보름이면 걸을 수 있다는 말이 대략 몸으로 체험되는 도보여행이었다. 인생은 길 가는 나그네다.

'물길 700리 남도 300리'라 했던가. 나의 남은 인생길이 백 리나 될까?

은퇴는 축복입니다

"눈물을 흘리며 씨를 뿌리는 자는 기쁨으로 거두리로다 울며 씨를 뿌리러 나가는 자는 정녕 기쁨으로 그 단을 가지고 돌아오리로다"(시편 126:5-6).

주님의 은혜와 평안이 여러분께 임하길 기원합니다.

오늘 20분(장로 2, 집사 5, 권사 13)이 장로, 권사, 집사의 직분을 은퇴합니다. 한 분 집사님이 취임합니다. 은퇴하시는 분들 시원섭섭합니까? 저는 3년 전에 은퇴했습니다. 은퇴는 축복입니다. 왜냐하면, 교회의 장로, 집사, 권사는 하나님으로부터 충성되이 여김을 받았기 때문입니다. 또 나이 칠십이 되도록 건강하게 살았기 때문입니다. 교회를 섬기는 동안 사고없이 무탈하게 봉사할 수 있었기 때문입니다.

얼마 전 몇 분 목사님들과 여행을 다녀왔습니다. 함께 여행한 목사님들은 모두 70세가 넘은 분들로 총회장을 역임하시고 몇 년 전에 은퇴한 분들입니다. 40년, 30년 이상을 한 교회에서 성실히 목회하시다 은퇴했습니다. 그런데 은퇴 후에 그분들의 삶이 참으로 복되게 보였습니다. 오늘 은퇴하시는 분들은 은퇴의 축복을 받았기에 복된 여생으로 살기를 바랍니다.

1. 은퇴 후에 아름다운 날들을 보내세요.

창세기의 주제는 창조입니다. "태초에 하나님이 천지를 지으셨다"라고 했습니다. 창세기는 천지의 시작을 기록하고 있습니다. 천지 만물, 사람을 하나님이 지으셨습니다. 창세기를 영어로 제네시스(Genesis)라 하는데 Genesis는 기원, 근원이라는 뜻입니다. 창세기는 인종과 민족, 나라, 언어의 기원을 설명합니다.

창조의 목적은 하나님이 만드신 것들로 인해 영광을 받으시기 위함입니다. 그것을 "하나님 보시기에 좋았더라"라고 표현했습니다. 좋다는 것의 다른 표현은 아름다움입니다. 음악은 소리로 아름다움을 드러냅니다. 미술은 색깔로 아름다움을 나타냅니다. 우리는 천지만물의 아름다움을 보면서 하나님을 찬송합니다. '참 아름다워라 주님의 세계는', '주 하나님 지으신 모든 세계' 아침에 뜨는 태양과 저녁에 지는 노을만 아름다운 것이 아닙니다. 하나님이 만드신 사람도 아름답습니다. 하나님은 사람을 지으신 후 "보시기에 심히 좋았다"라고 했습니다. 은퇴 후 남은 날들을 아름답게 사세요.

사람의 아름다움은 외모에 나타납니다. 모세, 사무엘, 다윗, 예수님… 모두 태어나고 자랄 때 아름답고 사랑스러웠습니다. 그런데 외모보다 사람에게는 숨은 아름다움이 있습니다. 사람의 아름다움은 마음속에 숨어 있는 속사람입니다. 마음 중심이 아름답고 바르게 되어야 합니다. 하나님은 사람의 중심을 보신다고 했습니다. 충성(忠誠)의 충(忠)은 마음이 좌우로 치우치지 않고 바로 되어 있다는 뜻입니다.

사람의 행실이 아름다워야 합니다. 그 사람의 행실로 인격의 아름다움이 표현됩니다. 우리는 주님의 것입니다. 몸으로 하나님께 영광을 돌려야 합니다. 살든지 죽든지 내 몸으로 그리스도를 존귀케 해야 합니다. 몸으로 영광을 돌린다는 것은 바른 행실, 즉 구별되고 거룩한 삶을 살므로 아름다움을 드러내어야 한다는 말입니다.

'사람 노릇을 한다'라는 말은 남의 도움을 받지 않고 스스로 살 수 있는 것인데 자기의 몫을 하는 것을 말합니다. '사람 구실을 한다'라는 말은 자기만 스스로 사는 것이 아니라 남을 도우면서 살 때 그 사람의 존재 가치를 말하는 것입니다. 늙어도 진액이 풍성하다는 말은 노인의 아름다움을 표현한 말입니다. 은퇴 후의 삶을 진액이 풍성하도록 하여 아름답게 늙으세요.

"의인은 종려나무같이 번성하며 레바논의 백향목같이 발육하리로다 여호와의 집에 심겼음이여 우리 하나님의 궁정에서 흥왕하리로다 늙어도 결실하며 진액이 풍족하고 빛이 청청하여 여호와의 정직하심을 나타내리로다"(시 92:12-15).

2. 기쁘고 즐겁게 사세요.

창세기의 또 다른 주제는 선택입니다. 하나님이 믿는 자의 조상으로 아브라함을 택했습니다. 우상의 도시 갈대아 우르에서 하나님이 아브라함을 불렀습니다. 선택의 근거는 전적으로 하나님의 뜻입니다. 아브라함에게는 어떤 공로도 없습니다. 이삭, 야곱, 요셉도 마찬가지입니다. 하나님의 택함을 받았다는 것은 대단한 축복입니다. 하나님의 택함을 받아 그의 백성이 되었고 직분도 받았습니다. 하나님의 택하심에는 후회하심이 없습니다. 하나님의 자녀로 택함받은 자의 가장 귀한 특권은 하나님이 복 주시고 보호하시는 것입니다. 하나님의 택함을 받았다는 이것이 기쁨의 근거가 됩니다. 그러니 감사하고 기뻐해야 합니다.

저는 은퇴식에서 찬양대에 'O Happy Day'를 불러 달라고 요청했습니다. 주님이 내 죄를 씻어 주셨으니 기쁘고 복된 날이요 주님이 날마다 기쁘게 살며 기도하라고 가르치니 기뻐해야 합니다(O happy day! when Jesus washed my sins away. He taught me how to wash to fight and pray and in rejoicing everyday).

저는 목회 중에 은퇴를 생각해 보았습니다. '은퇴하면 쉼이 있을 것이다! 여유가 있을 것이다! 자유가 있을 것이다!' 그 기대한 대로 지금 기쁘게 살고 있습니다.

기쁨이 낙입니다. 낙을 다른 말로 표현하면 재미있다! 즐겁다! 는 것입니다. 그리스도인은 즐겁고 기쁘게 살아야 합니다. 예수님은 "고난과 박해 중에도 기뻐하고 즐거워하라"라고 했습니다.

"나를 인하여 너희를 욕하고 핍박하고 거짓으로 너희를 거스려 모든 악한 말을 할 때에는 너희에게 복이 있나니 기뻐하고 즐거워하라 하늘에서 너희의 상이 큼이라 너희 전에 있던 선지자들을 이같이 핍박하였느니라"(마 5:11-12).

"항상 기뻐하라! 범사에 감사하라! 이것은 너희를 향한 하나님의 뜻"이라고 했습니다(살전 5:16-18). 염려와 근심 걱정의 환경에서도 "아무것도 염려하지 말고 모든 일에 기도와 간구로 너희 구할 것을 감사함으로 하나님께 아뢰라 그때 하나님의 평강이 우리 마음과 생각을 지키신다"라고 했습니다(빌 4:6-7).

낙을 누리고 사는 자가 지혜자입니다. 낙을 누리며 사는 것이 하나님의 선물입니다. "어떤 사람은 그 심령의 모든 소원에 부족함이 없어 재물과 부요와 존귀를 하나님께 받았으나 능히 누리게 하심을 얻지 못하였으므로 다른 사람이 누리나니 이것도 헛되어 악한 병이로다"(전 6:2).

가정생활이 재미있어야 합니다. 취미와 운동을 통해 나의 날들이 재미가 있어야 합니다. 교회 생활이 재미있어야 합니다. 친구와 교제하는 재미도 있어야 합니다. 세례 요한은 먹지도 마시지도 않았기에 사람들이 미쳤다고 비난했는데 예수님은 먹고 마시면서 세리와 죄인들과 어울렸습니다. 그러자 사람들은 예수님이 먹기를 탐한다고 비난했습니다. 기독교는 금욕주의가 아닙니다. 먹고 마시는 가운데 심령으로 낙을 누리는 것은 하나님의 선물입니다. '나는 아무 낙이 없다'라고 할 때는 늙고 병들어 죽을 날이 임박했을 때입니다. 옷을 희게 하고 머리에 기름을 바르고 아내와 즐겁게 살라고 했습니다. 은퇴 후엔 낙을 누리면서 사는 생이 되세요.

3. 수확의 기쁨을 맛보세요.

은퇴(retire)후의 생은 인생 수확의 계절입니다. 가을은 수확의 계절입니다. 그 후엔 나뭇잎이 떨어지고 추운 겨울이 기다리고 있습니다. 수확은 심은 대로 거두는 것입니다. 봄에는 씨를 뿌립니다. 씨를 뿌릴 때 힘듭니다. 울면서 씨를 뿌립니다. 무척이나 덥고 긴 여름을 지날 땐 정말 땀 흘리며 부지런히 일합니다. 그러면 가을엔 수확의 기쁨이 있습니다. 함께 여행한 목사님들을 가까이서 지켜보니 지금 그들이 누리는 자유와 여유와 쉼은 눈물을 흘리며 씨를 뿌린 후의 결실입니다. 그분들을 통해 심은 대로 거두게 하시는 진리를 다시 확인합니다.

범사에 때가 있습니다. 심을 때가 있고 거둘 때가 있습니다. 은퇴하시는 분들은 인생의 수확기에 들어섰습니다. 이제는 씨를 뿌릴 때가 아닙니다. 교회의 직분을 은퇴했으니 이제는 평신도로 교회를 섬기는 것입니다. 교회 행정에 직접 개입하지 않고 한 걸음 물러나서 관조하는 지혜가 있기 바랍니다.

취임하시는 집사님께 한 말씀 드립니다. 교회 봉사도 인생살이도 심은 대로 거둡니다. 울며 씨를 뿌리세요. 땀 흘려 가꾸세요. 그러면 수확의 기쁨이 있습니다. 울며 씨를 뿌리는 자가 기쁨으로 단을 거둔다고 했습니다. 예수님은 심지 않은 데서 거두려고 하지 않는다고 말씀하셨습니다. 이것이 진리입니다.

"그 주인이 대답하여 가로되 악하고 게으른 종아 나는 심지 않은 데서 거두고 헤치지 않은 데서 모으는 줄로 네가 알았느냐"(마 25:26).

은퇴하고 취임하시는 여러분, 그리고 성도 여러분! 하나님 보시기에 아름답게 살고, 기쁘게 낙을 누리며 살고, 인생 수확의 기쁨을 맛보는 지혜로운 성도들 되시길 축원합니다.

거제교회 은퇴식(2022. 12. 18.)

160

지혜로운 인생

"이 세대를 무엇으로 비유할꼬 비유컨대 아이들이 장터에 앉아 제 동무를 불러 가로되 우리가 너희를 향하여 피리를 불어도 너희가 춤추지 않고 우리가 애곡하여도 너희가 가슴을 치지 아니하였다 함과 같도다 요한이 와서 먹지도 않고 마시지도 아니하매 저희가 말하기를 귀신이 들렸다 하더니 인자는 와서 먹고 마시매 말하기를 보라 먹기를 탐하고 포도주를 즐기는 사람이요 세리와 죄인의 친구로다 하니 지혜는 그 행한 일로 인하여 옳다 함을 얻느니라"(마태복음 11:16-19).

신앙생활이라고 할 때 신앙은 내 마음속으로 믿는 믿음의 문제입니다. 생활은 행동하는 활동의 영역입니다. 믿음으로 사는 사람은 그의 믿음이 생활 속에 나타나야 합니다. 생활 속에 믿음이 드러나는 사람이 지혜롭게 사는 자입니다.

예수님이 지혜에 대해 말씀했습니다. 지혜는 행동이 있어야 한다는 말씀입니다. "지혜는 그 행한 일로 인해 옳다 함을 얻느니라"(마 11:19). 아는 것으로 끝나면 안 됩니다. 알면 행해야 합니다. 믿음과 행함에 대한 것도 그렇습니다.

"사람이 믿음이 있노라 하고 행함이 없으면 무슨 이익이 있으리요 그 믿음이 능히 자기를 구원하겠느냐 형제나 자매가 헐벗고 일용할 양식이 없는데 그에게 평안히 가라, 더웁게 하라, 배부르게 하라 하며 그 몸에 쓸 것을 주지 아니하면 무슨 이익이 있으리요 행함이 없는 믿음은 그 자체가 죽은 것이라 혹이 가로되 너는 믿음이 있고 나는 행함이 있으니 행함이 없는 네 믿음을 내게 보이라 나는 행함으로 내 믿음을 네게 보이리라 네가 하나님은 한 분이신 줄을 믿느냐 잘하는도다 귀신들도 믿고 떠느니라 아아 허탄한 사람아 행함이 없는 믿음이 헛것인 줄 알고자 하느냐 우리 조상 아브라함이 그 아들 이삭을 제단에 드릴 때에 행함으로 의롭다 하심을 받은 것이 아니냐 네가 보거니와 믿음이 그의 행함과 함께 일하고 행함으로 믿음이 온전케 되었느니라"(약 2:14-22).

1. 맡기고 사는 사람이 지혜로운 자입니다.

맡긴다는 것은 하나님께 맡기는 것입니다. 전능하신 하나님을 믿습니다. "전능하사 천지를 만드신 하나님 아버지를 내가 믿사오며…" 전능하신 하나님을 믿으니 모든 것을 맡길 수 있습니다. 믿음으로 하나님께 모든 것을 맡기고 살아가는 자가 지혜로운 자입니다.

"내 주여 뜻대로 행하시옵소서"(찬송가 549장).

"구주 예수 의지함이 심히 기쁜 일일세 영생 허락받았으니 의심 아주 없도다"(찬송가 542장).

사람의 능력에는 한계가 있습니다. 생명은 인간의 한계입니다. 우리 생명을 하나님께 맡겨야 합니다. 우리는 '살아계신 주'라는 복음송을 부릅니다. 이 복음송을 영어 가사로 읽으면 더 은혜가 됩니다. '그가 살아계시기에 내게 내일이 있고 그가 살아계시기에 모든 두려움이 사라지고 그가 나의 앞날을 주관하고 있습니다'라는 내용입니다.

God sent His son, they call Him Jesus

He came to love, heal and forgive;

He lived and died to buy my pardon,

An empty grave is there to prove my Saviour lives.

Because He lives, I can face tomorrow

Because He lives, all fears is gone;

Because I know He holds the future

And life is worth the living,

Just because He lives.

인생을 살면서 모든 것을 내 힘으로 해 보겠다고 애쓰는 사람이 있습니다. 목회할 때 일입니다. 여자 청년이 만원 버스를 타고 출근하다가 버스가 급정거하자 옆 사람을 다치지 않게 하려고 손잡이를 놓치지 않으려 애를 쓰다가 자기를 미는 사람들의 무게를 지탱할 수 없어 인대가 늘어나 오래도록 고생했다는 이야기를 들었습니다. 사실 그때는 손을 놓아야 합니다. 손을 놓아도 다른 사람이 다치지 않습니다. 같이 밀리기 때문입니다. 손을 놓는 것이 하나님께 맡기고 사는 생입니다. 내가 할 수 있는 것은 마땅히 해야 하지만 나의 한계를 느낄 때는 하나님께 맡기는 것이 지혜입니다.

미국의 개신교 신학자이며 기독교 윤리학자인 라인홀드 니버 (1892-1971)가 이런 유명한 말을 했습니다. "주여 우리에게 은혜를 내려 주소서 그리하여 바꿀 수 없는 일을 받아들이는 냉정함과, 바꿀 수 있는 일을 바꾸는 용기를, 그리고 이 두 가지를 분별하는 지혜를 허락해 주소서" 내 힘으로 바꿀 수 없는 것은 받아들이고 하나님께 맡기는 지혜가 있기를 바랍니다.

2. 느끼고 살아가는 자가 지혜자입니다.

깨닫는 자가 지혜자입니다. 살면서 하나님이 함께하는 것을 느껴야 합니다. 임마누엘이란 하나님이 우리와 함께하신다는 것입니다. 느낀다는 것은 깨닫는다는 것입니다. 몸소 체험하며 아는 것입니다. 신앙생활에 하나님이 함께하심을 느낄 때 힘이 있습니다. 하나님의 임재하심과 도우심을 느끼는 날들의 연속이 되어야 합니다.

"야곱아 ⋯ 너는 두려워 말라 내가 너를 구속하였고 내가 너를 지명하여 불렀나니 너는 내 것이라 네가 물 가운데로 지날 때에 내가 함께할 것이라 강을 건널 때에 물이 너를 침몰치 못할 것이며 네가 불 가운데로 행할 때에 타지도 아니할 것이요 불꽃이 너를 사르지도 못하리니 내가 너를 보배롭고 존귀하게 여기고 너를 사랑하였은즉 두려워 말라 내가 너와 함께하여⋯"(사 43:1-5).

부부간에도 사랑을 느끼며 살아야 합니다. 의무감으로 살아서는 안 됩니다. 사랑은 고백해야 합니다. 표현하는 것에 인색해서는 안 됩니다. 표현할 때 깨닫게 됩니다. 느끼고 깨닫는 자가 지혜자입니다. 다윗의 믿음 생활은 하나님이 자신과 함께하심을 늘 깨달았습니다.

"내가 사망의 음침한 골짜기를 다닐지라도 해를 두려워하지 않을 것은 주께서 나와 함께하심이라 주의 지팡이와 막대기가 나를 안위하시나이다"(시 23:4).

"내가 주를 의뢰하고 적진으로 달리며 내 하나님을 의지하고 성벽을 뛰어넘나이다" (삼하 22:30).

하나님이 나와 함께하셨던 것을 한번 체험했으면 그 다음엔 기억하고 간직해야 합니다. 성경에 기록된 기적은 그 사람에게 반복해서 나타나지 않습니다. 믿음의 조상 아브라함도 그의 평생에 하나님이 그에게 직접 나타난 것이 4-6번 정도입니다. 10년에 한 번 정도라고 할까요. 그런데 아브라함은 하나님이 나타나 자신에게 말씀하신 것을 기억하고 살았습니다.

3. 누리고 사는 자가 지혜자입니다.

하나님이 나에게 주신 것을 깨달아야 하고 그 주신 것에 감사하며 누리는 자가 지혜자입니다. 받은 것을 감사하지 않고 더 달라고 하는 자는 거머리 같은 자입니다.

"거머리에게는 두 딸이 있어 다오 다오 하느니라 족한 줄을 알지 못하여 족하다 하지 아니하는 것 서넛이 있나니"(잠 30:15).

소유가 목적이 되어선 안 됩니다. 누리고 사는 자가 지혜자입니다. 하나님이 내게 주신 것을 확인하고 감사하면서 기쁘게 사는 것이 지혜입니다. 평생 함께 사는 남편과 아내의 소중함을 깨닫고 기쁘게 살면서 누리는 것이 지혜입니다. 전도서에 '누린다'는 말이 많이 나옵니다. '누리는 낙'은 하나님의 선물입니다.

"사람이 먹고 마시며 수고하는 가운데서 심령으로 낙을 누리게 하는 것보다 나은 것이 없나니 내가 이것도 본즉 하나님의 손에서 나는 것이로다"(전 2:24).

"사람마다 먹고 마시는 것과 수고함으로 낙을 누리는 것이 하나님의 선물인 줄을 또한 알았도다"(전 3:13).

"사람이 하나님의 주신 바 그 일평생에 먹고 마시며 해 아래서 수고하는 모든 수고 중에서 낙을 누리는 것이 선하고 아름다움을 내가 보았나니 이것이 그의 분복이로다"(전 5:18).

"어떤 사람에게든지 하나님이 재물과 부요를 주사 능히 누리게 하시며 분복을 받아 수고함으로 즐거워하게 하신 것은 하나님의 선물이라"(전 5:19).

누리지 못하고 사는 어리석은 사람들에 대한 말씀이 있습니다.

"어떤 사람은 그 심령의 모든 소원에 부족함이 없어 재물과 부요와 존귀를 하나님께 받았으나 능히 누리게 하심을 얻지 못하였으므로 다른 사람이 누리나니 이것도 헛되어 악한 병이로다"(전 6:2).

"저가 비록 천 년의 갑절을 산다 할지라도 낙을 누리지 못하면

마침내 다 한 곳으로 돌아가는 것뿐이 아니냐"(전 6:6).

"어떤 사람은 아들도 없고 형제도 없으니 아무도 없이 홀로 있으나 수고하기를 마지 아니하며 부를 눈에 족하게 여기지 아니하면서도 이르기를 내가 누구를 위하여 수고하고 내 심령으로 낙을 누리지 못하게 하는고 하나니 이것도 헛되어 무익한 노고로다"(전 4:8).

본문은 세례 요한과 예수님을 비교합니다. 세례 요한은 먹지도 않고 마시지도 않았다고 했습니다. 경건한 생활로 금욕주의자처럼 산 것 같습니다. 약대 털옷을 입고 메뚜기와 석청을 먹고 허리띠를 띠고 산 생활입니다. 사람들이 요한을 비난하기를 귀신들렸다고 했습니다. 그런데 예수님은 먹고 마시며 세리와 죄인들과 어울립니다. 그래서 세리와 죄인과 같다고 비난 받았습니다. 먹고 마시는 것은 하나님의 선물입니다. 누리는 것입니다. 먹고 마시고 심령의 낙을 누려야 합니다. 머리에 기름을 바르고 옷을 잘 입고 아내와 남편이 부부로서 즐겁게 사는 것이 누리는 삶입니다.

4. 베풀고 사는 자가 지혜자입니다.

주는 자가 받는 자보다 복됩니다. 내 주변에 있는 자들에게 기쁨과 유익과 도움과 위로를 줄 수 있다면 내 생은 의미가 있습니다. 내가 도와 주고 함께할 사람이 아무도 없고 내가 남에게 도움과 위로를 받고 살아야 하는 존재가 되었다면 끝나도 되는 생입니다.

은퇴한 후 소일거리로 농사라는 것을 해 봅니다. 농사가 힘듭니다. 함께 일하는 동료가 '누구를 위해 종을 울리나?'라고 합니다. 사실 힘들여 농사하는 것보다 농산물을 사서 먹는 것이 훨씬 값싸게 치입니다. 그런데 수확해서 나누어 줄 때 기쁨이 있습니다. 이번 추수감사절에 직접 농사지은 큰 호박을 강단에 올려 보았습니다. 목회할 때는 경험하지 못한 즐거움이었습니다. 살면서 주변에 있는 자에게 인색하지 않고 베풀면서 살아야 합니다.

"무릇 네게 구하는 자에게 주며 네 것을 가져가는 자에게 다시 달라지 말며…"(눅 6:30).

"너는 네 식물을 물 위에 던지라 여러 날 후에 도로 찾으리라 일곱에게나 여덟에게 나눠 줄지어다"(전 11:1-2).

지금까지 살면서 남에게 베푼 것이 기억나지 않는다면 이제부터는 베풀고 살기 바랍니다. 호랑이는 죽어서 가죽을 남기고 사람은 이름을 남긴다고 합니다. 이름을 남긴다는 것은 기억을 남긴다는 것입니다. 저명한 자는 회고록을 씁니다. 그 사람은 떠났지만 그와 함께한 좋은 추억들, 그에게서 받은 사랑과 위로를 기억하게 되는 것입니다. 사람은 남기고 갑니다. 여러 사람에게 좋은 것을 많이 베풀고 좋은 기억을 남길 수 있다면 그는 지혜로운 사람입니다.

사람들에게 나누고 베푸는 것도 귀하지만 우리 가진 것을 하나님께 드릴 수 있다면 하나님은 우리에게 복으로 채워 주십니다. 예수님의 비유설교 중 자기 곳간을 크게 지어 가득 채우고 여러 해 쓸 물건을 쌓아 두었다고 스스로 만족감을 누리다가 그날 밤 세상을 떠난 사람에 대해 '자기를 위해 재물을 쌓아 두고 하나님께 대해 부요하지 못한 자'가 이렇게 되리라고 했습니다. 하나님께 대해 부요한 자가 되어야 합니다.

허리 수술 후 체험한 것이 있습니다. '남은 평생 휠체어를 타다 생을 마치는 것보다 모든 소유를 다 드리고 건강하게 여생을 살다 천국 갈 수 있다면…' 이런 생각이 들어 퇴원 후 하나님께 내 가진 것을 다 헌금했습니다. 그런데 하나님은 풍성하게 도로 돌려주셨습니다.

5. 때를 아는 자가 지혜자입니다.

천하에 범사가 때가 있습니다. 날 때가 있으면 죽을 때가 있습니다. 때를 따라 행해야 합니다. 마태복음은 시간적으로 '이때로부터'라는 말로 세 부분으로 나누어집니다.

"이때부터 예수께서 비로소 전파하여 이르시되 회개하라 천
국이 가까웠느니라"(마 4:17).

"이때로부터 예수 그리스도께서 자기가 예루살렘에 올라가서
장로들과 대제사장들과 서기관들에게 많은 고난을 받고 죽임을
당하고 제 삼일에 살아나야할 것을 제자들에게 비로소 나타내시
니"(마 16:21).

때가 중요합니다. 젊을 때 목회 심방을 가서 나이든 분들에게
'인생 연수 칠십이요 강건하면 팔십입니다!' 준비하라는 듯이 말
씀을 전했는데 이제 제가 그 나이가 됐습니다. 은퇴할 무렵 누군
가 제게 "이제 무엇 하시겠느냐?"라고 물었을 때 "하나님 앞에 서
는 것만 남았습니다"라고 대답했습니다. 요즈음 새벽에 기도할
때면 '하나님, 저는 이제 인생 8부능선을 넘고 있습니다' 라고 기
도합니다.

때에 맞는 적합한 행동을 해야 합니다. 때에 맞는 운동을 해야
합니다. 때를 따라 돕는 은혜를 받아야 합니다. 주책이란 일정한
생각 없이 되는 대로 하는 짓을 말합니다. 주책을 떨면 안 됩니다.
생각이 있어야 합니다.

결론

　지혜로운 인생으로 삽시다. "항상 기뻐하라! 쉬지 말고 기도하라! 범사에 감사하라! 이것은 너희를 향하신 하나님의 뜻"이라고 했습니다(살전 5:16-18). 기뻐하는 것은 누리는 것입니다. 감사하는 것은 느끼며 사는 것입니다. 기도하는 것은 하나님께 맡기는 것입니다. 베푸는 것은 사랑하는 것입니다. 때를 아는 것은 지혜로운 인간의 삶의 자세입니다. 천하에 범사가 기한이 있고 모든 목적이 이룰 때가 있나니 날 때가 있으면 죽을 때가 있습니다.

연산중앙교회(2022. 11. 27)

3부
은퇴 후 3년

은퇴(retire)와 농사

1. 평생 처음 하는 농사

2020년 8월 5일(수). 농사란 걸 처음으로 해 본다. 은퇴하기 전 밀양에 300여 평의 밭을 사 둔 것이 있었다. 은퇴를 앞둔 8월에 그곳에 컨테이너 농막을 넣었다. 아내와 어머니는 별 쓸데없는 일을 한다고 핀잔을 주었지만 200만 원에 컨테이너를 놓고 전기와 수도를 가설했다.

그해 12월에 은퇴하고, 이듬해 3월부터 사과나무 묘목이며 잡다한 채소

모종을 심었다. 옥수수 모종 한 판(72구)도 심었다. 손가락으로 잡아도 부러질 것 같은 연약하고 조그만 모종을 줄줄이 옮겨 심었다. 한 주쯤 지나 너무 솔게 심었나 싶어서 중간중간 모종을 뽑아 간격을 두고 다시 이식을 했는데 그때가 4월 27일이었다. 석 달이 지나 7월 21일 옥수수를 처음 땄다. 그리고 8월 4일 누런 옥수수 가지대에 남아 있던 몇 개를 마지막으로 수확했다. 식물은 때가 있다. 심을 때가 있으면 심은 것을 뽑을 때가 있다. 뽑을 때를 놓치면 열매도 상한다. 오늘(8월 5일) 밭에 있는 옥수수 대를 보니 온 잎이 다 누렇게 변해 있다. 약 100일 동안 조그만 모종이 어른 키보다 높이 자라 열매를 영글게 하고는 명이 다했는지 잎과 줄기가 누레졌다. 천하 만물이 범사에 기한이 있고 때가 있다. 심을 때를 놓치지 않아야 하고 수확할 때를 놓치지 않아야 한다.

2. 야베스농원의 여름

여름 휴가로 수원에 있는 작은 아들 식구가 왔다. 5살 되는 현후와 이제 돌이 지난 온유가 왔다. 월요일에 야베스농원에서 물놀이 하겠단다. 잔디밭에 차양막도 치고 잔디도 조금 깎았다. 현후는 1년 전 농막에 왔을 때 옥수수를 삶아 먹은 기억이 생생한 것 같다. 밀양서 옥수수를 먹겠단다. 그래서 지난 주에 옥수수를 따서 삶아 냉장고에 넣어 두었다. 집에서는 안 먹던 옥수수를 밀양에서만 먹는다.

어린 손주들에게 농촌 체험이라는 기억을 새겨줄 수 있다는 것이 할아버지에게 참으로 의미가 있다. 손자 손을 잡고 작년에 10주 심었던 포도나무를 보러 갔다. 벌써 새까맣게 포도가 익었다. 두 송이를 따서 손자 손에 넘긴다. 그리고 저녁 무렵 아내와 함께 포도를 한 바구니 땄다. 지난 4월에 심은 옥수수도 잘 자라 벌써 몇 차례 200개 이상을 땄는데 가까운 사람들과 나누어 먹은 것만 해도 20여 가정이다.

손자 현후가 3살 때 내가 은퇴를 해서 현후는 할아버지가 교회에서 설교하는 모습을 본 기억이 별로 없다. 그래서인지 엄마가 "할아버지 직업이 무엇이니?"라고 물으면 '농부'라고 답을 한다. 글쎄 틀린 답은 아닌 것 같기도 하고 틀린 것 같기도 하고 어떻든 밭에서 나는 땅콩이며 옥수수며 포도며 택배로 받아먹으니 손자의 기억에 할아버지는 농부 같겠지.

큰 아들의 딸 아현이는 아빠와 함께 농막에 와서 개구리도 잡고 오이도 따는 재미를 좋아한다. 내가 어렸을 때는 자연과 어울려 살았는데 요즘 아이들은 아파트 문화 속에서 게임이며 TV에 빠져 자연을 모른다. 자주 올 수는 없어도 손자들에게 자연을 체험할 수 있게 해 주는 것이 참으로 귀하다는 생각을 한다. 그래도 아내는 농사와 농막에 대해서는 별 흥미가 없어 아직도 시큰둥하다.

야베스농원에 올 때마다 하나님께 감사가 넘친다. 은퇴는 축복이다. 은퇴한 것도 은혜인데 여기서 일하고 쉴 수 있는 공간을 주시고 건강을 주시고 여유를 주신 하나님께 진심으로 감사하며 시편을 외운다. "사람이 무엇이기에 주께서 그를 생각하시며 인자가 무엇이기에 주께서 그를 돌보시나이까"(시 8:4). 은퇴 후 농사라는 일이 있다는 것이 참으로 감사하다. 땀을 흘리는 노동은 건강이 있어야 가능하다. 씨를 뿌리고 수확하는 기쁨은 보람 있는 일이다.

3. 농사하면서 깨닫는 것이 있다.

심을 때가 있고 거둘 때가 있다. 때를 놓쳐서는 안 된다는 것이다. 또 하나는 심은 대로 거둔다는 진리다. 울면서 씨를 뿌리면

기쁨으로 단을 거둔다. 예수님은 설교 때 농사짓는 비유를 많이
하셨다. 몸으로 체험하면서 이해할 수 있는 내용들이다. 씨 뿌리
는 비유, 알곡과 가라지, 30배 60배 100배의 수확, 포도나무 열
매와 가지 등이다. 누구나 쉽게 이해할 수 있는 생활 속의 비유다.
설교는 생활 속에서 나오는 것이다. 내가 살아가는 오늘의 환경에
서 하나님의 말씀을 적용하고 살도록 해야 한다.

　밀양 야베스농원에 아침 안개가 자욱하다. 새벽에 일찍 눈이
떠졌다. 이른 조식이지만 6시 조금 넘어 어제 사 온 식빵에 커피
를 곁들여 먹는다. 유튜브를 통해 30분 넘게 반복하여 들리는 마
스카니의 '카발레리아 루스티카나 간주곡' 선율이 감미롭기 그지
없다. 안개가 걷히고 해가 뜨면 지난 주말에 수확하여 마당에 널
어놓은 서리태 콩을 덮은 비닐을 걷고 햇볕에 말려야 한다.

스크린 골프하는 친구들

은퇴한 사람에게 5가지는 있어야 한다는 말이 있다. 건(健), 배(配), 재(財), 사(事), 우(友)이다. 건강하게 부부가 함께 살며, 물질에 여유가 있고, 할 일과 친구가 있어야 한다는 말이다. 부부는 평생의 반려자요 친구이기에 나이 들어 건강하게 부부가 의지하고 사는 것은 참으로 귀한 축복이다. 그런데 아내와 남편 외에 함께하는 친구가 있다는 것은 노후 행복의 중요한 조건이 된다. 함께 담소하며 웃고 같은 취미 생활을 하며 즐길 수 있다는 것은 노후의 생을 윤택하게 하는 윤활제일 것이다.

나의 은퇴 후 생활은 무료하지 않다. 주간 일정이 잘 짜여 있다. 매주 목요일마다 친구 목사님들과 어울려 재미있는 시간을 보내는 것이 여간 즐겁지 않다. 함께 어울리는 목사님은 모두 한 교회를 오랜 기간 성실하게 목회하다 은퇴하신 분들이다.

한 교회에서 40년, 38년, 35년, 20년 이상 목회하셨다. 이제 은퇴 후 인생 수확의 계절에 나름 하나님이 주신 여유를 즐기는 것이다. 윤현주 목사님, 신상현 목사님, 안주모 목사님, 황만선 목사님, 김상석 목사님, 배굉호 목사님, 조서구 목사님 모두 귀하고 존경하는 목사님들이다. 사모님들도 목회를 참으로 잘 도와주셨다. 현역 때는 목사님들이 목회에만 전념토록 독려하셨지만 은퇴 후에는 마음껏 자유로운 시간을 가지라고 다 허용한 상태라 모두들 부담 없이 자유의 시간을 가진다. 부부들이 종종 함께 모여 식사 모임을 하면서 사모님들끼리 수다를 떨며 긴장을 풀기도 한다.

모임에는 내용이 있어야 한다. 그 내용이 스크린 골프다. 나이가 들어서 다른 운동은 오래 계속할 수 없다. 그러나 골프는 나이

가 80이 훨씬 넘어도 하는 사람이 많다. 의사 선생님도 나이든 분들에게 골프를 권하기도 한다. 그래서 은퇴 후에 이 목사님들이 골프채를 구입하고 운동을 배우기 시작했다. 은퇴 얼마 전부터 먼저 골프를 시작한 분도 있지만 대부분 은퇴 후부터 시작했다. 배운 지 2년이 지나자 실력이 모두 비슷해진다. 목요일 9시 반에 스크린 골프를 시작해서 식사하고 2시경이면 헤어진다. 게임비와 점심 식사대로 2만 원(나중에는 2만 5천 원으로 올랐음)을 내면 웃고 담소하고 즐기고 재미있게 하루를 보내게 된다. 종종 이들과 같이 필드에 나가는 것도 신선한 재미다.

친구는 인생행로에 꼭 필요한 존재다. 나침반 역할을 하기도 하고 등대 역할을 하기도 하고 가까이서 함께 길을 동행하는 동행자도 된다. 예수님은 우리의 구세주시다. 그러나 찬송할 때는 '어찌 좋은 친군지…' 예수님을 친구로 부르지 않는가?

나이 어릴 때는 동무라고 했다. 함께 어깨를 겯는 어깨동무다. 그런데 은퇴한 나이에도 친구가 있다. 함께 웃고 함께 울 수 있는

친구, 함께 즐기고 이야기할 수 있는 친구, 허심탄회하게 부끄럽지 않게 말할 수 있는 친구가 있다.

은퇴 후에 친구가 그리워져 친구를 만들려는 사람들이 있다. 그런데 친구는 쉽게 만들어지지 않는다. 은퇴 후에는 사회 활동의 영역이 좁아지기에 새롭게 만나는 사람들이 적고, 만난다고 해도 친구가 될 사람을 찾기 어렵다. 그러기에 현역에 있을 때 서로 이해하고 즐겁게 만날 수 있는 친구들을 만들어야 한다.

한 주간이 7일인데 하루는 예배드리는 데 전념하며 교회에 가고, 하루는 친구들과 어울려 스크린 골프를 하고, 이삼일은 밀양 농원에 가서 초보 농사일을 하다 보면 한 주간이 훌쩍 지나간다.

백수(白首)다 백수(白手)

백수(白首)

목회할 때다. 나이 많이 드신 직분자의 생일에 초대받았다. 시편 본문으로 설교했다. "하나님이여 내가 늙어 백수가 될 때에도 나를 버리지 마시며 내가 주의 힘을 후대에 전하고 주의 능을 장래 모든 사람에게 전하기까지 나를 버리지 마소서"(시 71:18). 백수가 되도록 하나님이 강건하게 지켜달라는 것인데 집사님은 백수(99세)가 되려면 아직 많이 남았습니다. 대충 이런 말씀을 전한 것 같다. 함께한 부목사님이 얼마 후 내게 말한다. "백수란 흰머리(백발)라는 뜻 아닌가요?" 나중에 확인해 보니 부목사님의 말이 맞았다.

지금 내가 백수다. 친구 목사님들은 완연한 백수지만 나는 건성건성 백수다. 완전한 백수가 되려면 10년 강산이 세 번쯤 변하는 시간이 지나야 한다. 그런데도 마음은 청춘이다. 플라톤은 영혼이 불멸한다는 영혼불멸설을 말했다. 세월이 가면 육신은 흙에서 왔기에 티끌로 돌아가나 영혼은 하나님의 품으로 돌아간다. 이것을 가장 잘 느낄 수 있는 것이 늙어 백수가 될 때이다. 머리는 백수가 되고 몸 가죽은 윤기를 잃고 쭈글쭈글해지지만 마음은 여전하다. 이제 나이가 90에 접어드는 은퇴장로님과 대화하면서 그분들의 마음도 청춘의 때와 그리 멀지 않다고 생각한다.

백수(白手)

모든 사람은 백수로 돌아간다. 저 마케도니아의 알렉산더 대왕은 31세의 젊은 나이에 세상을 떠났다. 확인할 수는 없지만 그 패기만만한 젊은이는 유언을 남기기를 '나의 관 좌우에 구멍을 뚫어 내 손을 내놓고 나는 빈손으로 돌아간다는 것을 알리라'고 했단다. 세상을 다 가진 것 같았던 알렉산더도 백수로 돌아갔다. 전도서의 말씀이 떠오른다.

"어떤 사람은 그의 영혼이 바라는 모든 소원에 부족함이 없어 재물과 부요와 존귀를 하나님께 받았으나 하나님께서 그가 그것을 누리도록 허락하지 아니하셨으므로 다른 사람이 누리나니 이것도 헛되어 악한 병이로다"(전 6:2).

그러기에 현재 내가 가지고 있을 때 그것을 귀하게 여기고 누리며 사용할 줄 아는 지혜가 있어야 한다. 은퇴했으니 백수다. 아니다. 백수가 되려면 아직도 한참이나 남았다. 지금은 백세시대라고 말하지 않는가? 그런데 지금 머리는 듬성듬성 건성 백수다. 그런데 나는 지금도 백수인 것을 깊이 생각하며 살고 있다.

나의 종말과 연한이 언제까지인지

　　인생의 남은 날을 계수하면서 사는 것이 지혜자다. 은퇴 직후 어느 권사님이 "목사님, 이제 무슨 일을 하시렵니까?"라고 묻기에 "무슨 일이라뇨? 이제 하나님 앞에 서는 일이 남았지요"라고 답한 기억이 난다. 실제로 나는 요즘도 늘 하던 습관대로 새벽 4시 전에 눈이 떠진다. 그리고 수영강변을 한 시간 걸으면서 벤치에 앉아 기도한다. "하나님! 이제 인생 8부 능선을 넘고 있습니다. 하나님 보시기에 좋은 사람으로 오늘을 살게 하옵소서! 남에게 유익과 도움과 위로를 줄 수 있는 자가 되게 하옵소서."

　　모세는 120세를 살았다. 그러나 당시의 평균 수명은 70에서 강건하면 80이었다. 그리고 인생의 날들은 수고와 슬픔뿐이라고 했다. 지혜로운 인생은 자기의 남은 날을 계수하면서 산다고 했다.

"우리의 연수가 칠십이요 강건하면 팔십이라도 그 연수의 자랑은 수고와 슬픔뿐이요 신속히 가니 우리가 날아가나이다 누가 주의 노의 능력을 알며 누가 주를 두려워하여야 할 대로 주의 진노를 알리이까 우리에게 우리 날 계수함을 가르치사 지혜의 마음을 얻게 하소서"(시 90:10-12).

다윗왕은 예수님의 족보에 중요한 인물이다. 많은 부귀와 권세와 영화를 누렸다. 그의 생은 70세로 하나님의 부름을 받았다. 그는 자신에게 베푸신 하나님의 축복과 은혜를 다음과 같이 찬양했다.

"여호와 우리 주여
주의 이름이 온 땅에 어찌 그리 아름다운지요
주의 영광을 하늘 위에 두셨나이다…
주의 손가락으로 만드신 주의 하늘과
주의 베풀어 두신 달과 별들을 내가 보오니
사람이 무엇이관대 주께서 저를 생각하시며
인자가 무엇이관대 주께서 저를 권고하시나이까
저를 천사보다 조금 못하게 하시고
영화와 존귀로 관을 씌우셨나이다
주의 손으로 만드신 것을 다스리게 하시고
만물을 그 발 아래 두셨으니
곧 모든 우양과 들짐승이며 공중의 새와

바다의 어족과 해로에 다니는 것이니이다

여호와 우리 주여

주의 이름이 온 땅에 어찌 그리 아름다운지요"(시 8:1-9).

그러면서 다윗은 자신의 인생의 날들을 계수하는 지혜로운 삶을 살았다.

"여호와여 나의 종말과 연한의 어떠함을 알게 하사

나로 나의 연약함을 알게 하소서

주께서 나의 날을 손 넓이만큼 되게 하시매

나의 일생이 주의 앞에는 없는 것 같사오니

사람마다 그 든든히 선 때도

진실로 허사뿐이니이다 (셀라)

진실로 각 사람은 그림자같이 다니고

헛된 일에 분요하며 재물을 쌓으나

누가 취할는지 알지 못하나이다

주여 내가 무엇을 바라리요

나의 소망은 주께 있나이다…

주께서 죄악을 견책하사 사람을 징계하실 때에

그 영화를 좀 먹음같이 소멸하게 하시니

참으로 각 사람은 허사뿐이니이다 (셀라)

여호와여 나의 기도를 들으시며

나의 부르짖음에 귀를 기울이소서

내가 눈물 흘릴 때에 잠잠하지 마옵소서

대저 나는 주께 객이 되고 거류자가 됨이

나의 모든 열조 같으니이다

주는 나를 용서하사 내가 떠나 없어지기 전에

나의 건강을 회복시키소서"(시 39:4-13).

솔로몬은 다윗의 아들로 이스라엘의 3대 왕이다. 그의 생도 70세에 마쳤다. 예수님은 솔로몬이 입은 옷을 영광의 상징으로 말씀하셨다. 그런 솔로몬도 인생을 헛된 생명의 날이라고 하면서 지혜롭게 사는 자는 감사하며 누리고 사는 자라고 했다.

"사람이 하나님의 주신 바 그 일평생에 먹고 마시며 해 아래서 수고하는 모든 수고 중에서 낙을 누리는 것이 선하고 아름다움을 내가 보았나니 이것이 그의 분복이로다 어떤 사람에게든지 하나님이 재물과 부요를 주사 능히 누리게 하시며 분복을 받아 수고함으로 즐거워하게 하신 것은 하나님의 선물이라 저는 그 생명의 날을 깊이 관념치 아니하리니 이는 하나님이 저의 마음의 기뻐하는 것으로 응하심이니라"(전 5:18-20).

수고과 슬픔으로 점철되는 인생, 살같이 빨리 지나는 헛된 인생의 남은 날들을 계수하면서 나에게 주신 오늘 하루하루를 기뻐하며 감사함으로 누리면서 하나님 보시기에 좋은 날들이 되기를 바란다.

못다 한 숙제

어떤 은퇴한 분의 글을 읽은 기억이 난다. 은퇴 후 어영부영 시간을 보내었는데 나이가 훌쩍 80이 넘었다. 아직도 기력이 있는데 은퇴한 후 외국어 공부를 시작하지 못한 게 몹시 아쉽다고 했다.

나도 은퇴 후 벌써 3년이 지났다. 그동안 바쁜 백수생활을 하다 보니 3년이 수일같이 지났다. 평생을 목회했으니 설교 준비하는 마음으로 책상 앞에 앉는 것이 결코 낯설지 않다. 은퇴 직후에는 새롭게 정리하는 신학공부를 하고 싶었다. 그동안 목회의 기초가 되었던 신학을 이제 목회를 마치고 조용히 다시 정리하고 싶은 생각이다. 교회사도 정리해 보고 성경도 전체로 이해할 수 있도록 요약해 보고 싶은 마음이었다. 그리고 시간이 되면 다시 외국어 공부도 했으면 하는 마음이다. 이러던 차

에 큰아들이 장립집사로 임직을 받았고 수원의 작은아들도 생일이 지났다고 해서 아들, 자부들에게 간단한 성경 요약 메시지를 전했다. 그리고 남은 시간 계속해서 성경 전체의 주제와 요점을 간략하게 정리해 보고자 한다. 그것이 아직 은퇴 후에 못다 한 숙제다.

성경 66권 중 며칠 전 묵상으로 요약한 몇 장을 '못다 한 숙제'라는 장으로 수록해 본다. 성경의 마지막 부분까지 요약되면 간략한 책자로 마지막 저술을 했으면 하는 바람이다.

　11월 준기(차남) 생일, 12월 은기(장남) 생일, 1월 아내 고희…
등 가족의 생일을 맞으며 우리 생명을 지으신 하나님의 창조 목
적을 새긴다. 우리 생명의 주인은 내가 아니라 하나님이시다. 하나
님 보시기에 좋게 살아야 한다. 그것이 하나님께 영광 돌리는 것
이다. 하나님의 자녀로 택함받은 것이 큰 은혜요 축복이다. 하나
님은 택하신 자를 보호하시고 좋은 것으로 복을 주신다. 어제(11
월 12일)는 차남 준기 생일이다. 아들에게 카톡을 보냈다. '너의
잉태와 출산이 극적이었다. 하나님의 손길을 느낀다.' 그리고 창세
기를 짧게 요약해서 전했다.

창세기(創世記)

세상의 창조를 기록한 책이다. Genesis(창세기)란 기원, 어떤 존재의 발생 등의 뜻이다. 창세기는 하나님의 창조에 대해 기록한다. "태초에 하나님이 천지를 창조하시니라." 창세기에 만물과 인간 생명의 시작이 기록되어 있다. 우주 만물, 인간의 창조는 하나님 보시기에 좋았더라! 참 아름다운 자연을 볼 때 이 모든 것의 주인은 내가 아니라 하나님이신 것을 깨닫는다. '왜! 무엇을 위해 살아야 하나?'의 답은 하나님 보시기에 아름답게, 하나님께 영광 돌리기 위해서이다. 하나님은 창조주이시고 창조의 목적은 하나님이 영광 받으시기 원하신 것이다. 사람은 하나님 보시기에 좋게 살아야 한다. 창세기에 인종과 언어, 민족과 나라의 시작이 기록되어 있다. 인간이 지닌 죄의 본성과 타락, 죄에 대한 심판도 기록되어 있다.

창세기는 원시시대와 족장시대로 구분할 수 있다. 원시시대는 창조, 홍수 심판과 노아의 구원, 바벨탑 사건으로 인한 언어와 민족의 분산 등이 기록되어 있다. 족장시대는 아브라함, 이삭, 야곱, 요셉으로 이어지는 택함받은 자들의 인생 기록이다.

창세기의 주요한 영적 교리는 '하나님의 선택'이다. 하나님은 아브라함을 믿음의 조상으로 선택했다. 아브라함을 택해 그의 자녀로 삼으신 것이다. 아브라함의 후손을 택해 하나님의 백성을 삼으셨다. 로마서에는 혈육을 초월해 하나님께 대한 믿음을 가진 자들을 영적인 아브라함의 후손으로 불렀다. 믿음은 하나님이 택한 그의 백성에게 주시는 영적인 선물이기 때문이다. 아브라함이 무슨 선한 일을 하여서 보상으로 택한 것이 아니라 일방적인 하나님의 뜻으로 택하신 것이다. 아벨의 제사를 택한 것, 노아를 택한 것, 쌍둥이지만 복중에 있을 때 야곱을 사랑하고 에서를 미워했다는 것도 하나님의 선택과 예정에 대한 말씀이다. 족장 야곱의 열두 아들 중 하필이면 요셉에 대한 긴 기록도 그렇다.

- 아브라함

하나님이 아브라함을 부르심에 있어서 특이한 점이 있다. 갈대아 우르는 우상숭배가 만연한 이방 도시이다. 아브람은 아버지 데라를 따라 아내 사라와 롯과 함께 우르를 떠나 하란으로 옮겼다. 아버지가 하란에서 죽은 후 아브람은 하나님의 말씀에 순종해 가나안 땅으로 이주한다. 그때 아브람의 나이 75세다.

하나님이 아브람을 부르실 때까지 아브람의 어떠한 선행도 기록되어 있지 않다. 한 가지 '갈 바를 알지 못한 가운데 아브람은 하나님의 말씀을 믿고 순종한 것'이 전부다. 그러기에 아브람을 선택하신 것은 전적으로 하나님의 뜻이다. 아브람의 선행에 근거한 선택이 아니라 택하신 하나님의 뜻에 따라 하나님의 말씀에 순종한 믿음이 아브람의 복이 된 것이다.

- 이삭

이삭은 언약의 자손이다. 노년에 아들을 기다리던 아브라함이 서자 이스마엘을 상속자로 삼으려 했지만 하나님은 약속의 아들 이삭을 미리 준비해 두셨고 아브라함이 백세 때 태어나게 하셨다. 이삭의 선택도 전적으로 하나님의 뜻이다.

- 야곱

야곱은 쌍둥이다. 그의 형이 에서이기에 마땅히 장자의 상속권이 그에게 있다. 그런데 로마서에는 '복중에 있을 때 야곱은 사랑하고 에서는 미워했다'는 표현이 나온다(롬 9:13). 이것도 야곱이 무슨 선행을 하기 전이니 전적으로 하나님의 뜻에 기인한다.

- 요셉

야곱의 열두 아들 중 열한 번째다. 요셉의 일생을 보면 하나님이 그와 함께하심으로 그가 형통하게 되었다는 것이다. 요셉에게 무슨 선행이나 덕이 있었기 때문이 아니라 하나님이 택하시고 함께하셨기에 그가 복을 받고 형통케 된 것이다.

하나님의 택함을 받아 그의 백성(자녀)이 되는 것은 가장 큰 축복이고 은혜다. 하나님은 택한 자녀를 눈동자같이 지키고 보호해 주신다. 아브라함이 기근을 피해 애굽으로 갔을 때 순간 믿음이 약해져 아내 사라를 누이라고 했다. 그래서 바로왕에게 아내를 빼앗기고 대신 가축들과 노비를 선물로 받았다 그러나 하나님은 사라를 보호하셨고 아브라함에게 돌려보내셨다. 소돔성 멸망 후 아브라함이 네게브 땅 그랄에 머물 때도 믿음이 약해져 또 사라를 누이라 해서 아비멜렉에게 아내를 빼앗겼다. 하지만 하나님께서 또 보호해 주셨다.

하나님께 택함받은 자녀는 하나님이 지키시고 복을 주신다. 야곱과 요셉도 고난은 있었으나 환난을 변하여 복되게 하시는 하나님이다. 그래서 다윗은 '너를 붙들어 발이 돌에 부딪히지 않게 하는' 하나님을 찬양했다(시 91:12).

"아 하나님의 은혜로 이 쓸데없는 자 왜 구속하여 주는지 난 알 수 없도다"(찬송가 310장) 이 찬송은 하나님께 택함받은 성도가 하나님의 은혜를 찬양하는 정말 아름다운 신앙고백이다. 하나님 보시기에 아름답게 살아야 한다.

출애굽기 - 창세기를 요약하고 보니 계속하고 싶은 마음에 쓴다.

출(出)애굽은 '애굽에서 나왔다'는 뜻이다. 영어성경 엑소더스(Exodus)란 나감, 탈출이란 의미다. 출애굽기의 주제는 '구원'이다. 구원이란 해방됨을 말한다. 억눌림과 억압, 속박에서 풀려나 자유함을 얻는 것이다. 요셉으로 인해 애굽 땅에 들어간 이스라엘 자손들은 4백 년을 그곳에 사는 동안 애굽 사람들의 노예로

전락했다. 그들은 육체에 가해지는 고역을 감당키 어려워 하나님께 기도로 부르짖는다. 하나님은 모세를 지도자로 삼아 이스라엘 백성들을 애굽의 종살이에서 풀려나게 하신다. 구원하신 것이다. 출애굽하여 약속의 땅 가나안으로 인도하시는 것이다.

사람은 구원받아야 할 존재다. 인간을 속박하고 억압하고 굴레 씌운 것들이 여러 가지다. 옥에 갇혀 육체의 자유를 잃어버린 신체의 속박이 대표적이다. 질병으로 인해 고통받는 것도 그렇다. 죽음 앞에 두려워하는 것, 근심과 걱정으로 마음이 짓눌리는 것, 불안 걱정 등 마음의 쉼과 자유를 잃어버린 것들도 사람들을 얽어매는 굴레들이다. 무엇보다 죄의 굴레 속에 있는 인간들은 약해서 유혹 앞에 넘어져 범죄하게 된다. 죄에서 구원받고 죽음, 질병, 고난, 육체와 마음의 짓눌림과 억압에서 구원(해방)받아야 할 존재다.

모세의 인도로 애굽에서 나와 시내산 앞 광야에 도착한 것은 출애굽 3개월이 되던 날이었다(출 19:1). 19장에 모세가 홀로 시내산에 오른다. 모세는 시내산 위에 40일간 머물면서 구원받은 하나님의 백성으로서 바르게 살아야 할 삶의 규범으로 하나님의 율법을 받았다. 율법의 요약은 십계명이다. 율법의 내용은 세 부분으로 나뉜다. 하나님과의 관계법, 사람들과의 관계법, 물질(재물)에 대한 법이다. 예수님은 하나님을 사랑하고, 이웃을 사랑하는 것이 율법의 대강령이라고 하셨다. 구체적인 율법의 내용은

20-23장에 기록되어 있다. 하나님의 백성에게는 구원받은 성도답게 살아야 하는 삶의 규범이 있다. 율법을 알아야 한다. 내 맘대로가 아닌 계명의 규범대로 살아야 한다. 그것이 하나님 보시기에 좋은 삶이다.

다음으로 하나님은 모세에게 성막을 만들 것을 명하신다. 성막에 관한 구체적인 명령이 25-31장까지 기록되어 있다. 성막과 성소의 여러 도구들, 제사장에 관계된 제반 것들이다. 모세가 시내산 위에서 40일간 머무는 동안 산 아래 있던 이스라엘 백성들은 모세가 죽은 줄 알고 금송아지 우상을 만든다. 하나님은 모세를 하산시켜 우상 숭배자를 벌하도록 하시고 다시 모세를 시내산 위로 불러올리신다. 40일을 시내산 위에 더 머문 모세는 하산하여 하나님의 명대로 성막을 짓는다.

브살렐과 오홀리압은 성령이 충만하고 재능이 있는 자들이다. 이들은 약 6개월 동안 성막을 건축하였는데 성막이 완공된 것은 출애굽 둘째 해 첫째 달 초하루이다. 애굽에서 나온 지 1년 만에 완공된 것이다. 모세의 출생으로 시작되는 출애굽기의 내용은 출애굽 1년 동안의 내용이 핵심이다.

요약

구원받은(해방된, 자유함을 얻은) 하나님의 백성은 하나님의 자녀로서 하나님 보시기에 아름답게 살아야 하는데, 하나님은 삶의 규범으로 율법과 계명을 주셨다. 그리고 사는 동안 성막(성소, 교회)을 중심으로 살아야 한다는 것이다.

"그리스도께서 우리를 자유롭게 하려고 자유를 주셨으니 다시는 종의 멍에를 메지 말라"(갈 5:1).

"너희가 자유를 위해 부르심을 입었으나 그 자유로 육체의 기회로 삼지 말고 오직 사랑으로 서로 종노릇하라"(갈 5:13).

"주께서 내게 복을 주시려거든 나의 지역을 넓히시고 주의 손으로 나를 도우사 나로 환난을 벗어나 근심이 없게 하옵소서 하였더니 하나님이 그 구하는 것을 허락하셨더라"(대상 4:10).

교회들을 둘러보며

　신학교 다닐 때 개척교회에 대한 생각을 했다. 목사로 장립받아 평생 목회를 하면서 한 교회도 개척하지 못한다면 하나님 앞에 설 때 부끄러울 것 같다는 생각을 했다. 그렇다면 '언제 교회를 개척하는 것이 좋을까?' 주변의 여러 교회들을 둘러보았을 때 목회를 잘하시던 목사님이 어느 날 교회에서 어려움을 당한다. 교회를 사임하고 다른 방도가 없어서 교회를 개척하는 경우를 많이 보았다. 물론 하나님의 뜻이 있기에 이렇게 시작되는 교회가 있을 수 있다. 그런데 신학생인 나로서는 이렇게 교회가 시작되는 것은 어쩐지 바람직하지 않다고 생각했다. '목사로 목회를 출발하면서 젊은 열정을 가지고 교회를 개척하는 것이 더 낫지 않을까?' 이런 생각이 군목 제대와 함께 포항 지고교회 개척을 선택하는 데 주저함이 없었다.

또 하나는 목회를 마무리할 때도 개척교회로 끝맺는 것이 좋겠다는 생각이 들었다. 이것은 목회가 어려워서 탈출하기 위해 하는 교회 개척이 아니라 생활비에 대한 부담을 교회에 전혀 주지 않고 순수한 개척의 열정으로 시작하는 것이다.

은퇴 후 이런 마음으로 약한 교회를 돌보고 자라는 데 도움을 주고 싶었다. 내가 노회 전도부장으로 있을 때 개척한 교회가 있었다. 여러 해 지났지만 여전히 교회가 약하다. 그래서 한 달에 한 번 그 교회에 참석해 헌금도 하고, 또 여러 가지 면에서 도움을 주고 싶은 마음에 몇 달을 출석했다. 목사님께서 설교를 부탁해서 반년 정도 한 달에 한 번 설교도 했다. 그런데 계속 가니 목사님께 부담이 되는 것 같았다.

나는 순수한 동기로 목사님의 목회를 돕고 교회 성장에 조금이라도 기여했으면 하는 마음이었는데 담임목사님은 내가 자리에 앉아 있는 것이 어려운 것 같았다. 교회가 계속 자라지 않는 것이 자신의 책임처럼 느껴지기에 그런 것 같아 보였다. 그래서 그 교회에 가는 것을 중단했다.

그 후 한 달에 한 번 정도는 여러 교회를 둘러보면서 격려도 할 겸 교회를 순방한다. 한 달에 한두 번은 내가 시무했던 연산중앙교회에 출석한다. 또 한 달에 한 번은 내 모교회였고 지금도 모친이 은퇴권사로 교적이 있는 제일영도교회에 어머니와 아내와 같이 출석한다. 그리고 한 달에 한 번 정도는 관심을 가졌던 교회들을 순방한다. 그 교회에 가면 설교를 부탁할 때가 많다. 그래서 은퇴 후에 출석한 교회에서 설교한 몇 편의 설교를 올려 본다. 현역에 있을 때는 설교가 마음에 부담이 되었는데 은퇴 후에는 마음에 여유가 생긴다. 영감받은 대로 설교를 할 수 있어서 좋았다.

눈물로 얻는 기쁨의 수확

"눈물을 흘리며 씨를 뿌리는 자는 기쁨으로 거두리로다 울며 씨를 뿌리러 나가는 자는 정녕 기쁨으로 그 단을 가지고 돌아오리로다"(시편 126:5-6).

1979년에 목사로 장립받아 해군 군목으로 입대했습니다. 진해 해군교육단에서 2년을 근무하고 포항항공단 군종실장으로 1년을 근무했습니다. 그것이 포항과 인연을 맺은 계기였습니다. 제대하면서 포항대흥교회 조재태 목사님의 제안을 받아 지곡교회를 개척하게 됐습니다.

3년간 지곡교회를 시무한 후 연산중앙교회의 청빙을 받아 1985년에 옮겨 은퇴하는 2019년 말까지 담임목사로 35년을 시무했습니다. 2017년에 부총회장에 피선된 후 다음 해 고신 총회장이 되었는데 그해에 하나님의 은혜로 한국교회총연합(한교총) 대표회장으로 섬기게 됐습니다. 2019년 말 총회장, 한교총 대표회장의 임기를 끝내면서 연산중앙교회 원로목사로 은퇴했습니다.

포항남교회는 늘 제 마음속에 죄송한 마음과 미안한 마음으로 남아 있습니다. 은퇴한 후 첫 주일 예배에 담임목사님께 아무런 연락을 하지 않고 참석했기에 미처 알아보지 못한 목사님이 소개 인사도 없었습니다. 그래서 이번엔 목사님께 연락을 드리고 예배에 참석했습니다.

포항남교회는 1982년 6월 6일에 설립됐습니다. 군목 제대를 눈앞에 둔 제가 교역자로 선정됐습니다. 포항 지곡동에 286평 포도원 밭을 구입해 블록조 슬레이트 지붕으로 60평 교회를 지었습니다. 포항대흥교회(조재태 목사)가 간직하고 있던 화란에서 조성한 기금에 제3영도교회에서 교역자 생활비 월 30만 원을 지원했기에 시작될 수 있었습니다.

지곡동은 포항제철 아파트 단지였습니다. 대흥교회 교인 몇 가정이 개척교회의 핵심으로 시작된 교회는 1년이 지나자 100여 명까지 모였습니다. 그러나 교인들 사이에 갈등이 생겨 몇 차례 시험을 겪었고 1984년부터 광양제철소로 포항제철 직원들이 많이 이주하게 되면서 교인 여러 가정도 광양으로 옮겨갔습니다. 그런 와중에 1985년 10월에 저는 연산중앙교회 담임목사로 가게 됐습니다. 후임으로 최창규 강도사가 와서 포항공대 부지로 토지 수용된 교회를 상도동으로 이전 건축하게 되었고 얼마 후 황건배 목사가 오랫동안 교회를 섬기게 됐습니다. 그 후 권인영 목사가 시무했으니 신진규 목사는 5대째 교역자인 셈입니다.

오늘 본문은 포로생활에서 돌아오는 유대인들이 부른 감격의 찬송입니다. 그들은 성전을 향해 가면서 이 노래를 찬양했습니다. "여호와께서 시온의 포로를 돌리실 때에 우리가 꿈꾸는 것 같았도다"(1절), "여호와께서 우리를 위하여 대사를 행하셨으니 우리는 기쁘도다"(3절).

이 찬양 가사 중 '눈물을 흘리며 씨를 뿌리는 자', '울며 씨를 뿌리러 나가는 자'라는 말이 나옵니다. 왜 울어야 합니까? 너무 고통스럽기 때문입니다. 고통과 고난이 눈물을 흘리게 합니다. 농부에게 고통이 있습니다. 포로 생활하는 것 같기도 합니다. 지금 한국 농촌에 동남아 인력이 많이 와서 일합니다. 그들이 농사일을 하는데 고통스럽습니다. 해도 해도 끝이 없고, 심어도 심어도 끝이 없습니다. 미국 남부의 목화밭에 잡혀 와서 일하는 흑인 노예들도 너무 고통스러워 울면서 노래를 부르며 일했습니다. 그 노래가 흑인 영가입니다.

1. 농부의 눈물

은퇴(retire)란 말을 '타이어를 갈아 끼운다'라고 해석하는 사람이 있습니다. 긍정적인 해석이라고 할 수 있습니다. 백수로 노는 것이 아니고 무슨 일이든지 하겠다는 의지의 표현이지요. 저도 그렇습니다. 목회를 마치고 은퇴 후에 농부의 생활을 체험하고 있습니다. 은퇴 몇 년 전 밀양에 조그만 밭을 구입했습니다. 거기에 농막을 짓고 농사란 것을 해 봅니다. 감자, 고구마, 마늘, 콩, 과수 등 여러 가지를 심고 수확하는데 깨닫는 진리가 있습니다.

예수님은 설교 때 농사에 대한 것을 많이 인용했습니다. '씨 뿌리는 비유', '알곡과 가라지 비유', '심은 대로 거둔다', '심지 않은 데서 거두고 헤치지 않은 데서 모으는 줄로 아느냐?' 등 가장 중요한 진리는 '뿌린 대로 거두고 심은 대로 거둔다는 것'입니다. 콩을 심으면 콩이 나고, 팥을 심으면 팥이 나게 됩니다. 다시 깨닫는 것은 씨를 뿌리는 것은 결코 쉬운 일이 아니고 힘이 들며 때로는 눈물이 나기까지 하는 힘든 일이라는 것입니다. 그리고 수확은 시간이 지나면 안 되기에 때를 놓치지 않고 제때 수확해야 합니다. 뿌릴 때가 있습니다. 심을 때가 있습니다. 심은 것을 거둘 때가 있습니다.

마늘을 심을 때 아내는 농부의 눈물을 체험했습니다. 허리도 아프고, 진도는 안 나가고, 심을 곳은 아직 많이 남아 있는데 고통스럽다는 것입니다. 어느 목사님은 김해서 자랐는데 농사일이 얼마나 힘든지 농사하기 싫어서 공부를 열심히 하여 부산대 사대를 졸업하고 교사를 하다가 목사가 되었다고 했습니다.

2. 디모데의 눈물, 목회의 눈물

바울은 자신이 개척한 에베소교회에 자기를 이어 목회하는 아들 같은 디모데에게 편지하면서 디모데의 눈물을 언급했습니다.

"사랑하는 아들 디모데에게 편지하노니 하나님 아버지와 그리스도 예수 우리 주께로부터 은혜와 긍휼과 평강이 네게 있을지어다 나의 밤낮 간구하는 가운데 쉬지 않고 너를 생각하여 청결한 양심으로 조상 적부터 섬겨 오는 하나님께 감사하고 네 눈물을 생각하여 너 보기를 원함은 내 기쁨이 가득하게 하려 함이니 이는 네 속에 거짓이 없는 믿음을 생각함이라 이 믿음은 먼저 네 외조모 로이스와 네 어머니 유니게 속에 있더니 네 속에도 있는 줄을 확신하노라 그러므로 내가 나의 안수함으로 네 속에 있는 하나님의 은사를 다시 불일듯하게 하기 위하여 너로 생각하게 하노니 하나님이 우리에게 주신 것은 두려워하는 마음이 아니요 오직 능력과 사랑과 근신하는 마음이니 그러므로 네가 우리 주의 증거와 또는 주를 위하여 갇힌 자 된 나를 부끄러워 말고 오직 하나님의 능력을 좇아 복음과 함께 고난을 받으라"(딤후 1:2-8).

목회에 눈물이 있습니다. 목회가 심히 힘들다는 비유로 이런 이야기가 있습니다. 코끼리는 항상 고개를 아래위로 끄덕이지 옆으로 절레절레 돌리지 않습니다. 그래서 어떤 사람이 현상금을 걸고 코끼리 머리를 옆으로 돌리게 하면 상을 주겠다고 제안을 합니다. 아무도 할 수 없었지요. 그런데 한 사람이 코끼리 귀에 대고 속삭이기를 '너 목회할래? 개척교회 할래?' 하니 코끼리가 고개를 절레절레 흔들었다는 이야기입니다. 그만큼 힘들고 눈물이 있는 것이 목회입니다. 바울은 디모데에게 하나님의 능력을 좇아 복음과 함께 고난을 받으라고 했습니다.

복음이 무엇입니까? 하나님 나라에 관한 소식입니다. 주기도문은 하나님의 '나라이 임하옵시며'라고 기도합니다. 그 하나님 나라의 출발점이 교회입니다. 교회는 하나님을 믿는 신앙고백의 공동체이며, 예배 공동체, 전도 공동체, 사랑의 공동체, 성령의 능력을 체험하는 공동체입니다. 그리고 하나님의 부름을 받아 모인 성도들이 사랑으로 교제하는 공동체입니다.

복음을 전하는 것이 씨를 심는 것이고 그럴 때 공동체의 싹이 자라게 됩니다. 고린도교회를 개척할 때 바울은 심었고 아볼로는 물을 주었고 하나님은 자라게 하셨습니다. 복음의 씨를 심고 물을 주고 가꾸는 일이 농사와 같습니다. 힘이 들고 눈물 나는 것이 농사와 비슷합니다.

씨앗 한 알이 소중합니다. 한 알 씨앗이 싹이 나고 잎이 나고 자라게 됩니다. 성도들 한 사람 한 사람이 교회에 대한 애착을 가지고 목사님을 소중하게 생각해야 합니다. 성도들 한 사람 한 사

람을 귀하게 여겨야 합니다. 'A bird in the hand'란 말이 있습니다. 내 손안에 있는 새가 소중하지 날아다니는 독수리가 좋은 것이 아닙니다. 내 교회, 내 성도를 귀하게 여겨야 합니다.

3. 수확의 기쁨

올해 나는 농사의 맛을 보고 있습니다. 고구마, 감자, 마늘, 옥수수, 포도, 땅콩, 대추, 감, 파, 가지, 고추 등 농작물의 맛을 다 보았습니다.

목회에 눈물이 있습니다. 그런데 수확의 기쁨도 있습니다. 은퇴 후 나는 하나님의 신실하심을 체험하고 있습니다. 나는 가난의 눈물을 흘린 추억이 있습니다. 지곡교회를 개척할 때 6평이 채 되지 않는 4인치 블록 원두막에서 3년을 살았습니다. 연산중앙교회로 부임해 간 후에도 사례받아 한 달을 겨우 사는 돈 없는 목회자였습니다. 그런데도 교회를 건축하면서 헌금을 많이 했습니다. 이제 은퇴한 후에는 하나님이 주시는 여유를 느끼며 살고 있습니다.

구약 제사장의 특권이 있습니다. 소, 양의 제물 중 가장 맛있는 갈빗살을 먹는 것입니다. 백성들이 바친 제물로 흔들고(요제), 백성들이 바친 제물로 손으로 번쩍 들어(거제) 제사 드리는 백성들에게 확인을 시키고 그것을 제사장이 취합니다. 하나님은 제사장에게 십일조를 먹을 수 있는 축복을 주셨는데 이것이 하나님의 소금 언약입니다. 나보다 먼저 은퇴하신 원로장로님이 나보다 9살 위인데 지금 나와 함께 농사를 짓고 있습니다. 목회할 때 힘이 되었던 장로님인데 이제는 농사하면서 스스로 '이젠 제가 집사'로 목사님을 돕겠다고 합니다. 얼마나 감사한지 목회자가 얻는 수확의 기쁨이라 생각합니다.

결론

눈물이 있어야 수확의 기쁨이 있습니다. 목회자의 눈물이 농부의 눈물과 같습니다. 심을 때 눈물을 흘립니다. 인내하면서 씨를 뿌립니다. 그 눈물이 농작물의 거름이 됩니다. 교회를 세우는 것은 하나님의 나라를 확장하는 것인데 결코 저절로 되는 것이 아닙니다. 씨를 뿌리고 자라도록 돌보아야 합니다. 서로가 격려하고 자랑하는 분위기가 되어야 합니다. 서로를 귀하게 여겨야 합니다. 이것이 억지로 해야 하는 의무 사항이 아니라 수확의 기쁨을 소망하면서 땀과 눈물을 흘리는 것입니다. 다른 큰 교회와 비교하지 말고 내 교회를 소중히 여겨야 합니다. 손안에 있는 새를 귀하게 여겨야 합니다.

'울며 씨를 뿌리는 자는 기쁨으로 단을 거두리로다.'

포항남교회(2022. 10. 9.)

자라는 교회

"그러므로 이제부터 너희는 외인도 아니요 나그네도 아니요 오직 성도들과 동일한 시민이요 하나님의 권속이라 너희는 사도들과 선지자들의 터 위에 세우심을 입은 자라 그리스도 예수께서 친히 모퉁이 돌이 되셨느니라 그의 안에서 건물마다 서로 연결하여 주 안에서 성전이 되어 가고 너희도 성령 안에서 하나님의 거하실 처소가 되기 위하여 예수 안에서 함께 지어져 가느니라"(에베소서 2:19-22).

오늘 본문을 요약하면 이렇습니다. "너희는 하나님의 권속이다. 사도들과 선지자들의 터 위에 예수님을 모퉁이 돌로 예수 안에서 지어져 가는 성전이다." 여기서 성전이란 말과 하나님의 거하실 처소라는 말이 중요합니다. 권속이란 말은 'household of God'(하나님의 가족)입니다. 하나님이 우리를 택하셔서 하나님의 자녀로 삼아 주셨습니다. '너희는 성전으로 지어져 간다'라고 했는데 지어져 간다는 말은 아직은 미완성이며 계속 건축 중이란 뜻입니다. 다른 말로 하면 자라가고 있다는 것입니다.

에베소서의 주제는 '교회론'입니다.

성도들의 모임으로서의 교회

교회는 하나님의 부름을 받은 성도들의 모임입니다. 2장에 '본질상 진노의 자식'에서 부름을 받아 '하나님의 권속'이 됐습니다. 우리의 정체성을 알아야 합니다. 4장에 성도를 '온전케 하며 봉사의 일을 하고 그리스도의 몸을 세우는 자들'이라고 했습니다. 그래서 성도는 온전한 사람으로 그리스도의 장성한 분량에 이르도록 자라야 한다고 했습니다. 골로새서에서도 '하나님의 뜻을 알고 주께 합당하게 행하며 선한 일에 열매를 맺으며 하나님을 아는 것에 자라야 한다'라고 했습니다(골 1:10). 이 말씀도 성도들의 영적 성숙에 대한 말씀입니다. 자람에 대한 언급은 다른 성경에도 나타납니다. "내가 어렸을 때에는 말하는 것이 어린아이와 같고 생각하는 것이 어린아이와 같다가 장성한 사람이 되어서는 어린아이의 일을 버렸노라"(고전 13:11). 성도는 자라야 합니다.

건물로서의 교회

성전은 하나님이 거하시는 곳입니다. 출애굽한 이스라엘 백성들에게 하나님이 처음 명하신 것은 성막을 만들라는 것이었습니다. 성전은 장소로서 중요한 의미가 있습니다. 최초의 성전은 성막으로 광야생활의 중심이었습니다. 광야에 거할 때는 성막을 중심으로 백성들이 원형진으로 그들의 장막을 쳤습니다. 행진할 때는 성막의 법궤를 앞세워 행진했습니다. 성전은 하나님을 만나는(會幕, meeting) 곳입니다. 성전은 거룩한(聖幕, holy) 곳입니다. 하나님이 거하시는(居所, dwelling) 곳입니다. 이곳에서 하나님을 만나는 예배의 감격이 있습니다. 교회는 건물로서도 성전이 되어야 합니다.

1. 자라야 합니다.

본문에 '예수 안에서 함께 지어져 가느니라'라고 했습니다.
"너희도 성령 안에서 하나님의 거하실 처소가 되기 위하여 예수 안에서 함께 지어져 가느니라." 성도 각자에게 적용되는 말입니다.

예수님의 비유설교 중 씨 뿌리는 비유가 있습니다. 자란다는 말은 농사용어로 이해할 수 있습니다. 자라서 100배, 60배, 30배의 결실을 이루게 됩니다. 예수님의 설교 중에 포도나무 비유가 있습니다. '나는 포도나무요 내 아버지는 농부라 내게 붙어 있어 열매를 맺지 아니하는 가지는 제거한다. 그가 내 안에 내가 그 안에 거하면 사람이 열매를 많이 맺는다. 너희가 내 안에 거하고 내 말이 너희 안에 거하면 열매를 맺는다. 나의 사랑 안에 거하라'(요 15:5-9). 자라면 결실하게 됩니다. 마땅히 열매가 있어야 합니다. 밭에 있는 가라지는 외형으로는 표가 안 나지만 열매가 없기에 추수 때에 쭉정이로 불에 던져진다고 했습니다.

고린도교회는 바울 사도가 제2차 전도여행 때 설립한 교회입니다. 바울의 후임으로 아볼로가 사역했습니다. '나는 씨를 뿌렸고 아볼로는 물을 주었고 하나님은 자라게 하신다'라고 표현했습니다. 그런데 고린도교회는 바울파, 아볼로파로 나뉘어 분쟁과 다툼이 있었습니다. 그래서 서로 싸우지 말고 성숙한 그리스도인이 될 것을 요구한 말씀입니다.

태국 남부 팡아만 국립공원(Phang Nga National Park)의 조그만 섬에 판이 무슬림 마을(Panyee village)이 형성되어 있습니다. 초기엔 전기, 수도도 없던 섬인데 무슬림들의 마을이 형성되어 마을 중심에는 황금빛 첨탑의 모스크가 랜드마크로 있습니다. 태국은 불교의 나라인데 이곳에 이슬람이 전도를 해서 무슬림들이 공동체를 만들어 바다 위에 집을 짓고 삽니다. 이는 한 세대에 이루어진 것이 아니라 수 세대에 걸쳐서 이루어진 것입니다. 정부가 마을을 형성해 집단 이주시킨 것이 아니라 신앙이 있는 각 개인이 모여 이루어진 것입니다. 건물보다 사람이 우선이란 것을 알 수 있습니다. 성장에 있어 중요한 것은 사람입니다. 조급하지 않고 시간 속에서 이루어지는 것입니다.

미국 펜실베니아주 랭커스터시에 아미시 타운(Amish Town, 유럽의 종교박해를 피해 미국으로 건너온 재세례파의 후손들이 모여 사는 종교적 문화적 공동체)이 있습니다. 이들은 종교개혁 당시 스위스 쯔빙글리의 신학의 영향을 받은 자들로 재세례파입니다. 특히 화란의 메노 시몬스(Menno Simons, 1496-1561)의 이름을 따서 메노나이트(Mennonite)로 알려져 있습니다. 이들은 펜실베니아주가 종교적 자유를 인정한다는 말을 듣고 신앙적인 이유로 이주해 와서 공동체를 이루었습니다. 문명을 거부하고 전기도 없으며 자동차도 이용하지 않고 마차를 타고 다니면서 자체적으로 자급자족하는 공동체입니다. 소박한 검은색 계통의 옷을 입고 전통적인 농축산업에 종사합니다. 남자들은 병역을 거부하고 공적 연금도 수령치 않고 정부로부터 어떤 도움도 받지 않으며 의료보험을 들지 않는데 그 지역 공동체가 의료보험 역할을 합니다. 전 미국에 35만 명 가량의 교인과 500여 개 이상의 공동체가 산재해 있습니다. 이곳에 가면 성막을 실제 크기로 만들어 둔 것을 볼 수 있습니다.

미주리주 남쪽 브랜슨(Branson)이란 곳에도 아미시 타운이 있는데 2천 석 정도의 극장에는 성극영화 '예수', '모세', '삼손' 등을 공연합니다. 매일(주말에는 2회 공연) 전국에서 모인 관객이 빈자리 없이 관람을 하는 것을 보고 감명을 받았습니다. 관람료가 50-60$이니 싸지 않은 금액인데 어쨌든 아미시 영향력은 대단합니다.

2006년 10월에 큰 사건이 있었습니다. 우유를 배달하는 32세 남자가 학교에 들어가 총기를 난사하여 5명이 숨지고 6명이 중상을 입은 사건입니다. 그런데 희생자의 부모가 범인을 용서하고 범인의 가족을 장례식에 초대했습니다. 용서가 자신을 위한 최고의 치료제임을 인식했습니다. 전국에서 답지한 성금의 일부도 범인의 가족들에게 전달했습니다. 믿음을 가진 자가 삶 속에서 믿음을 실천하는 것은 귀한 것입니다. 중요한 것은 성도 개인입니다. 어떤 사람이 무엇을 하기 위해 어떤 정신으로 모였느냐에 따라 사막을 물이 솟아나는 정원으로 만들어 낼 수도 있습니다.

자라는 교회가 되기 위해서 오늘 여기 있는 성도 한 사람 한 사람의 영적인 성장이 있어야 합니다. 어린아이가 자라 장성한 사람이 되는 것같이 자라야 합니다. 저는 군목 제대 후 포항에서 교회를 개척했습니다. 1년 만에 300명을 모으겠다는 포부가 있었습니다. 1년 후 100여 명이 모였습니다. 그런데 교인들 사이에 분쟁이 있었습니다. 사람들의 모임이기에 묘한 감정대립이 있었습니다. 몇 차례 다툼을 진정시키는 동안 교회 성장의 에너지가 소진되는 것을 느꼈습니다. 교회의 성장에 앞서 개인의 성장이 있어야 합니다.

2. 성장(자람)의 방해 요소들이 있습니다.

예수님의 비유설교 중에 농사에 대한 것이 참으로 많습니다. '씨를 뿌려 열매를 거두는 것', '알곡과 가라지', '한 알의 밀이 죽지 않으면 그대로 있고 죽으면 많은 열매를 맺는다' 등입니다. 구약성경에도 '울며 씨를 뿌리는 자는 기쁨으로 단을 거둔다'. '씨를 뿌릴 때가 있고 거두어 수확할 때가 있다' 등이 있습니다.

1) 때를 놓쳐서는 안 됩니다.

은퇴하고 시골에 조그만 밭을 장만해 농사짓는 체험을 하고 있습니다. 중요한 것은 때입니다. 심을 때 심고 거둘 때 거둡니다. 농사뿐 아니라 인생에 있어서도 중요한 것은 때입니다. 어릴 때 '남자 35세가 되면 될 사람은 대략 알 수 있다'라는 말을 들었습니다. 그 나이에 자리잡게 된다는 것입니다. 자랄 때 자라야 합니다. 교육학에 있어 '결정적 시기'란 그 시기가 지난 후에는 다시 습득하기 어려운 것을 말합니다. 육체적인 성장도 자랄 때 자라야 하고, 공부하고 배울 때가 있습니다. 결혼할 때가 있습니다. '때를 따라 돕는 은혜를 얻기 위해 담대히 보좌 앞으로 나가야 한다'(히 4:16) 고린도교회에 '지금은 은혜 받을 때요 지금은 구원의 날이다'라고 했습니다(고후 6:2). 성도들은 주일예배를 드릴 때 이 시간이 은혜 받을 때라는 사실을 인식하고 예배드려야 합니다.

2) 상처를 빨리 치료해야 합니다.

사람에게 상처받지 말아야 합니다. 예수님의 비유설교 중 알곡과 가라지를 기억해야 합니다. 교회는 하나님의 부름을 받은 성도들의 모임이지만 사람들의 모임이기에 다 죄인들이고 약점이 있고 사람 냄새가 납니다. 하나님의 심판대 앞에서야 분별이 되는 가라지들도 있습니다. 신앙생활하는 중 가라지로 인해 상처를 받을 수 있습니다. 성도 간에 물질 문제로 상처받을 수 있기에 "내 집을 장사하는 집으로 만들지 말라."고 했습니다.

상처를 치료하는 묘약은 사랑입니다. 사랑은 내가 주는 것입니다. 받으려고 기대하지 않습니다. 사랑은 오래 참습니다. 상대를 변화시키려고 하지 않고 있는 대로 용납합니다. 그래서 모든 것을 참으며 바라며 견디는 것이 사랑입니다. 내가 사랑의 주체가 될 때 사랑의 대상이 어떠하든지 상관없이 사랑함으로 행복할 수 있습니다.

3. 성장의 비결입니다.

자라는 교회 - 교회의 성장 목표가 있습니다. 교회의 성장 목표는 작은 천국을 만드는 것입니다. 주기도문에 "나라이 임하옵시며 뜻이 하늘에서 이루어진 것같이 땅에서도 이루어지이다"라고 했습니다. 하나님 나라의 출발은 가정이고 교회입니다. 먼저는 개인의 성장 - 나의 성장 - 이 있어야 합니다. 개인의 성장은 그리스도의 장성한 분량에 이르기까지 자라는 것입니다. 하나님은 처음 사람을 지으시고 보시기에 심히 좋았다고 하셨습니다. 성도는 하나님 보시기에 좋은 사람이 되어야 합니다. 예수님은 자라면서 "하나님과 사람에게 더욱 사랑스러워 가시더라"라고 했습니다. 그리고 나의 가정, 교회가 천국이 되어야 합니다.

1) 씨를 뿌려야 거둡니다.

전도의 씨를 뿌려야 교회가 성장합니다. "씨를 뿌릴 때에 나지 아니할까 염려하며 심히 애탈지라도 나중 예수께서 칭찬하시리니 기쁨으로 단을 거두리로다"(찬송가 496장). 교회의 성장이 성도들의 수평 이동으로 인해서 되는 것은 바람직하지 않습니다. 전도함으로 자라는 것이 성경의 가르침입니다. 연산중앙교회의 송정숙 권사는 불교 신자에서 개종한 분입니다. 남편이 돌아갈 무렵 신자가 되었고 32년이 지났습니다. 전도를 얼마나 열심히 하시는지 전도왕입니다. 하나님이 권사님의 열정을 보시고 장립집사인 아들에게 많은 복을 주시는 것을 눈으로 보고 있습니다.

2) 개인의 성장은 단순합니다.

성장하려면 영양을 섭취해야 합니다. "너희가 내 안에 거하고 내 말이 너희 안에 거하면… 열매를 많이 맺으면…"(요 15:7, 8). "베뢰아 사람들은 데살로니가에 있는 사람들보다 더 너그러워서 간절한 마음으로 말씀을 받고 이것이 그러한가 하여 날마다 성경을 상고했다"(행 17:11). "주의 말씀은 내 발에 등이요 내 길에 빛이니이다 주의 의로운 규례들을 지키기로 맹세하고 굳게 정하였나이다"(시 119:105, 106). 이 말씀들은 다 하나님의 말씀으로 인한 성장에 대한 것입니다.

3) 적당한 운동이 있어야 합니다.

헌신과 봉사는 운동과 같은 것입니다. 예배는 보는 것이 아니라 헌신하고 섬기는 것입니다. 교회를 위해 봉사하는 것, 성도를 돌보는 것, 이웃에게 기쁨과 유익을 주기 위해 노력하는 것, 전도하는 것이 다 운동입니다. 큰 교회는 봉사할 기회, 헌신할 기회가 많지 않습니다. 그러나 작은 교회, 개척교회는 봉사할 부분이 많습니다. 섬기는 것은 영적 성장에 도움이 됩니다.

4) 사랑을 실천해야 합니다.

행위 구원이란 내가 무슨 선한 행동을 해야 구원을 얻는다는 것인데, 그래서 속죄하기 위해 개인의 고행도 합니다. 선을 행해야 구원받을 것이라고 적선도 합니다. 그러나 성경의 가르침은 하나님의 은혜로 구원을 받습니다. 나의 행함과 선행의 대가가 아니라 하나님의 사랑으로 내가 아무것도 지불하지 않고 값없이 받는 은혜로 구원받는 것을 말합니다. 이것을 깨달으면 하나님으로부터 받은 은혜에 감격하여 예수님의 사랑을 기억하며 감격의 봉사를 하게 됩니다. 성장의 비결은 하나님의 사랑을 체험하고 깨닫고 기억하는 데서 출발하는 것입니다.

결론

"너희는 사도들과 선지자들의 터 위에 세우심을 입은 자라 예수께서 모퉁이 돌이 되셨느니라 그의 안에서 건물마다 서로 연결하여 주 안에서 성전이 되어 가고 너희도 성령 안에서 하나님의 거하실 처소가 되기 위하여 예수 안에서 함께 지어져 가느니라"(엡 2:20-22).

교회는 하나님이 거하시는 성전입니다. 우리는 성령이 거하시는 성전으로 지어져 가는 자들입니다. 만들어져 가고 자라야 합니다. 사도행전적 교회는 "하나님의 말씀이 점점 왕성하여 예루살렘에 있는 제자의 수가 더 심히 많아지고 허다한 제사장의 무리도 이 도에 복종하니라"라고 했습니다(행 6:7). 때를 놓치지 말고 때를 따라 돕는 은혜를 받읍시다. 교회의 성장을 위해 내가 죽고 희생하는 한 알의 밀알이 됩시다.

여러분의 개인적인 성장이 있기를 바랍니다. 하나님 보시기에 좋은 성도가 되려면 그리스도의 장성한 분량에 이르러야 합니다. 성령 안에 거하고 주의 말씀 안에 거하며 삽시다. 우리의 중심이 하나님 보시기에 좋으면, 주님의 사랑과 말씀 안에 거하면 우리가 구하지 않은 것까지 하나님이 우리에게 주십니다. 그것이 먼저 그의 나라와 그의 의를 구하는 것입니다.

대구샘물교회 (2022. 7. 31.)

4부
35년을 섬겨온 교회

영적 장자교회의 계승을 바라며

연산중앙교회

내가 은퇴할 때인 2019년 말은 연산중앙교회가 61년의 역사를 막 넘긴 때였다. 61년의 짧지 않은 기간 중에 34년 2개월을 2대 목사로 시무했던 교회다.

연산중앙교회는 삼일교회(한상동 목사)에서 개척한 교회다. 1958년 초량동 45번지 판자촌에 살던 교인들이 철도 길을 건너 교회 오는 것이 불편해 삼성교회란 이름으로 분립 개척예배를 드린 것이 출발점이다. 12월 7일 주일 당시 전도사님이었던 박희천 목사님(서울 내수동교회 원로목사)이 주일 오전예배를 인도했고, 오후에는 한상동 목사님과 삼일교회 교인들이 와서 예배를 드렸다. 그리고 교역자 없이 이복근 장로님이 교역자를 대신해 교회를 섬겼다. 1964년 부산시 정책으로 철로변 판자촌이 철거되고 정책 이주한 곳이 연산3동이었다.

- 1대 박병호 목사

교회가 연산동으로 이전한 후 1966년에 초대 목사님으로 부임한 분이 박병호 목사님이시다. 박 목사님은 밀양 마산교회(현 무지개전원교회)를 담임하고 계시다가 삼성교회로 오셨다. 밀양 마산교회는 한상동 목사님이 잠시 시무하셨던 교회

다. 1967년 박 목사님은 지역에 맞게 교회 이름을 삼성교회에서 연산중앙교회로 바꾸었다. 박 목사님은 1982년 교회를 신축하시고 19년을 조금 넘기신 후 정년은퇴를 하셨다.

- 2대 김성복 목사

김성복 목사가 2대 목사로 1985년 10월에 부임했다. 김 목사는 부임 직후 기존 교회가 신축된 후 완공검사를 받지 못하여 무허가 건물 상태인 것을 알게 됐다. 구청에 필요한 제반 서류를 보완하고 건축사에게 설계도면을 다시 부탁하여 여건을 갖춘 후 건물 준공을 필하고 건물 대장에 등재했다. 그 후 교회는 부흥되면

서 이웃한 집들을 계속 구입하고 교회 건물과 교육관과 사택을 증축했다. 하지만 교회가 시장 골목과 연결되어 진입로가 협소하여 교회의 미래를 위해서는 이전이 불가피했다.

교회설립 50주년을 2년 앞두고 교회가 1천만 원의 예산을 세웠다. 장로님들이 "50주년 기념사업으로 무엇을 하면 좋겠냐?"라고 했을 때 김성복 목사는 "아무것도 하지 않더라도 교회 이전을 위해 부지를 마련하는 것이 가장 시급합니다"라고 말했다. 2년 동안 기념 사업비로 모은 돈이 2천만 원이 됐다. 2007년에 인근 도로변 교통이 좋은 곳으로 11채의 집을 사들여 교회 부지를 마련했다. 2008년에 교회 건축을 시작해서 2010년에 입당했다.

건축에 대한 계획과 예산도 전혀 없었던 때에 담임목사가 앞장서 외치자 온 당회원들과 성도들이 묵묵히 따라와 주었다. '교회를 건축할 때 조그만 잡음도 있어서는 안 되겠다'라는 마음에 "솔로몬이 성전을 건축할 때 성전 안에서 돌 다듬는 소리와 망치 소리가 들리지 않았다"라는 말을 설교 시간에 여러 번 했다.

당회원 가운데 시간적으로 이 일을 감당할 수 있었던 권중식 장로님을 위원장으로 세우고 이강호 집사님(현 장로)을 감독관으로 세웠다. 그리고 다른 분들은 건축에 대해 일절 말씀을 하지 말라고 했다. 교회 건축은 일사불란하게 진행이 됐다. 시행사가 교회로부터 건축비를 다 받았지만 인부들에게 임금을 제때 지급하지 않아 두 주간 공사가 중단되었다가 재개된 일 외에는 순적하게 마쳤다.

공사가 중단되었을 당시 김성복 목사는 교회의 기둥을 붙들고 눈물을 흘리며 기도했던 기억이 생생하다. "하나님, 건축하다 중단되면 하나님의 영광이 가려집니다. 저는 건축 후 바로 사임해도 좋습니다. 건축이 순적하게 이루어지게 해 주옵소서"

공사는 1년 반 만에 끝이 났고, 2010년 4월 부활절에 입당했다. 김성복 목사는 교회를 즉각 사임하지도 않았고 34년 2개월이란 장기 목회를 하고 은퇴했다. 교회 역사 61년에 두 분 목사님을 모신 교회니 참 좋은 교회다.

- 3대 최성석 목사

최성석 목사님은 2020년에 3대째 목사님으로 부임했다. 최 목사님은 창녕 고암교회를 담임하다 청빙을 받았다. 최 목사님

의 모교회는 밀양 마산교회다. 목사님의 선친은 마산교회의 장로로 시무하셨다. 최 목사님은 열심히 목회를 하신다. 은퇴할 때 남겼던 교회 건축 부채도 많이 갚았다. 1-2년 후면 건축으로 인한 은행 부채는 남김없이 정리될 것이라니 그러면 교회 헌당식도 할 수 있을 것이다.

연산중앙교회 초대 목사님인 박병호 목사님은 마산교회를 담임하시다 연산중앙교회로 부임하셨고, 김성복 목사는 은퇴 후 마산교회에서 차로 10여 분 떨어진 곳에 밭을 마련하여 노후의 여가를 보내고 있다. 3대째 목사로 취임한 최성석 목사는 마산교회가 모교회로 본가는 그 교회를 섬기고 있다. 이는 참으로 묘한 인연이라 생각된다.

연산중앙교회는 삼일교회 한상동 목사님과 관계가 있다. 한상동 목사님은 일제강점기 신사참배를 반대하시다 옥중 성도로 출옥하신 후 마산교회의 박수민 장로님(박손혁 목사, 박순용 장로, 박치덕 목사, 박정덕 목사의 부친)의 주도로 밀양 마산교회의 청빙을 받아 부임하셔서 짧은 기간을 시무하셨다. 그 후 한 목사님은 초량교회의 청빙을 받아 부산으로 교회를 옮기셨다.

　당시 6·25전쟁 중 진주에 있던 필자의 외가는 부산으로 피난 와서 초량교회에 출석했다. 한 목사님을 중심으로 경남노회 여러 목사님이 신사참배 문제로 목사들은 일정 기간 자숙한 후 목회해야 한다고 주장했다. 그러나 총회는 이런 주장을 하던 경남노회를 총회에서 축출했다. 그리고 그들이 담임한 교회에서 목회하지 못하도록 했다. 초량교회를 담임하던 한상동 목사님은 건물과 모든 재산을 두고 당시 500여 명 되는 교인들 중 90% 이상의 교인들과 함께 나와 삼일교회를 창립했다. 김성복 목사의 외할머니와 식구들도 이때 함께했다. 그 후 외가는 온천장으로 이사 오면서 온천교회에 출석했다. 고신과 합동이 통합될 때 집 바로 옆에 있는 온천제일교회로 교적을 옮겼다. 김성복 목사는 한상동 목사님이 소천하시고 2대 목사님으로 계시던 최해일 목사님의 지도를 받으며 전도사 생활을 했다(1978년). 그해 말 최 목사님의 주례로 삼일교회서 결혼했다.

　연산중앙교회를 목회하면서 교회의 표어로 몇 차례 '영적 장자교회가 되자'라고 정했다. 엘리사가 엘리야 선지자에게 갑절의 영감을 달라고 간구했던 기도를 생각해서이다. 엘리야가 행사하였던 능력의 2배를 원한 것이 아니다. 신명기에 아비가 유산을 상속할 때 장자에게는 형제들에 비해 갑절을 주었다는 것을 생각해서다. 연산중앙교회가 이 시대에 장자의 영권을 가진 교회가 되었으면 하는 바람으로 영적 장자교회가 되자는 표어를 걸게 된 것이다.

　나는 은퇴한 후 평신도가 됐다. 목회의 바톤을 후임 목사님께 넘겼으니 내 일은 마쳤다. 릴레이 주자는 자신이 달리는 구간에 온 힘을 다해 전력 질주해야 한다. 바톤을 넘긴 후는 다음 주자의 책임이다. 후임 목사님의 목회에 조금이라도 신경 쓰이는 일은 피하고자 한다. 은퇴할 시점에 장로님 가운데 '혹 은퇴한 후에 원로목사가 상왕 노릇하는 것처럼 후임 목사님에게 신경 쓰이게 하지 않을까?' 염려하시는 분들이 있었을지 모른다. 그런 낌새를 느꼈을 때 나는 마음 속으로 '장로님 나를 몰라도 참으로 모르시네요'라는 생각을 했다.

나는 은퇴하면 원로목사라도 평신도라고 생각한다. 이젠 평교인으로서 우리 교회 목사님을 청해 식사 대접도 하고 싶고 아프거나 어려운 일을 당하면 청해서 축복기도도 받고 싶다. 이런 마음에서 최 목사님 내외를 먼저 청해 식사를 대접했더니 두 달 후 목사님이 우리 내외를 청한다. 그렇게 두 달 간격으로 식사를 서로 대접하는 중 벌써 3년이 지나가고 있다.

나는 매월 한두 차례 연산중앙교회 낮예배에 참석한다. 장로님들이 공예배 기도할 때마다 "우리 최성석 목사님!" 하면서 목사님을 위해 기도하고 성도들은 목사님의 지도대로 잘 순응하는 것을 보면서 하나님께 진심으로 감사드린다. 최 목사님은 교회의 영구 표어인 '은혜 중에 부흥하는 교회!'도 그대로 두었다. 연산중앙교회가 참으로 장자교회의 영권을 계승하여 은혜 중에 부흥하는 교회가 되기를 기도한다.

하나님이 좋은 목사님을 필자의 후임 목사님으로 보내 주셨다. 그래서 나는 매일 아침마다 연산중앙교회와 목사님을 위해 기도하고 있다. "최 목사님에게 영력을 갑절이나 주시고 연산중앙교회는 은혜 중에 부흥하는 교회 되게 하소서!"

발전소 같은 교회

2007년에 교회 이전을 위한 부지 구입을 했다. 주택 11채를 구입해 500평의 대지를 확보했다. 전혀 계획을 세우지 않은 상태에서 성도들이 약 15억 원의 헌금을 했다.

2008년도 교회 표어를 '성전을 지읍시다'로 선포했다. 10월 10일에 성전건축 기공예배를 드렸다. 교회 부지는 500여 평, 건축 면적은 사택을 포함해 1,200여 평 된다. 부지 대금과 건축 비용, 제반 집기 등 시설 비용을 합하면 60-70억에 달한다. 우리 교회로서는 감히 생각할 수도 없고 감당할 수 없는 규모의 공사였다. 그런데 능력은 하나님께 있다. 기공예배를 드린 지 1년 반 만에 입당하게 된 것이다.

2008년 12월 주일예배 후 서재에 있는데 황 장로님이 찾아왔다. 그리고 무겁게 입을 열고 말했다. "건강 검진에서 대장암이라고 말합니다. 그래서 내일 서울 삼성의료원으로 가보려 합니다." 충격적인 말이었지만 함께 성경 말씀을 읽고 장로님 손을 잡고 간절히 기도했다. 예수님이 나사로를 살리실 때 하신 말씀 "이 병은 죽을 병이 아니라 하나님의 영광을 드러내려는 것이다"란 말씀을 읽고 울면서 기도했다. 장로님도 울고 나도 울었다.

삼성의료원에서 12월 31일 확진된 대장암은 상당히 진전된 상태였다. 4월 10일 수술 후 근 한 달 가까이 입원해 있었다. 병원으로 찾아가서 기도해 드렸는데 장로님이 큰 힘을 얻었다. 그 후 전화상으로도 기도하며 성도들도 함께 금요기도회와 예배시간에 기도 제목으로 기도했다. 그 후 장로님은 교회 앞에 간증하면서 "병실에 있을 때 목사님이 오셔서 기도함으로 힘을 얻었습니다. 성도들의 기도를 생각하면 얼마나 힘이 나는지 내게는 우리 교회가 마치 발전소와 같았습니다"라고 했다.

키르케고르가 쓴 책 이름이 『죽음에 이르는 병』이다. 그는 사람들이 예수님께 "나사로가 병 들었으니 오셔서 고쳐 달라"고 했을 때 예수님께서 "이 병은 죽을 병이 아니라"라고 하신 말씀에서 힌트를 얻었다. 그러면 '죽음에 이르는 병이 무엇일까?'를 생각했다는 것이다. 그는 죽음에 이르는 병은 절망이라고 생각했다.

교회는 소망이 있는 곳이다. 전능하신 말씀으로 천지를 창조하시고 인간 생명의 주인 되시는 하나님을 우리는 믿는다. 교회는 하나님의 사랑과 위로와 권능을 성도들에게 전함으로 소망을 심어 주는 곳이다. 하나님의 전능하심이 우리의 소망이다. 우리가 이 믿음을 가질 때 힘을 얻는다.

교회 이전 부지 확보와 교회 건축할 당시 하나님의 전능하심을 우리는 또 경험할 수 있었다. 어느 날 새벽기도를 마친 후 어머니 권사님이 내게 봉투를 전달했다. '성전건축 부지헌금'이라고 적힌 봉투에 "이 헌금이 오병이어가 되게 하소서"라는 내용이 적혀 있었다. 어머니에게 재산이 있을 리 없는데 일천만 원을 헌금한 것이다. 자녀들이 드리는 돈을 모아 두었던 것이다. 나는 다음 주일 설교를 하면서 어머니가 헌금한 것을 요제물(흔들어 알리는), 거제물(손으로 들어 올려 알리는)로 하나님께 드렸다. 온 성도들이 알도록 광고한 것이다. 이것이 성전 부지 구입의 '오병이어' 제물이 됐다.

성도들은 선한 자극을 받아 헌금했다. 얼마 후 박 장로님이 특별한 헌금을 하셨다. 복음병원에서 전립선암 진단을 받았는데 수술해야만 한다는 것이다. 장로님도 봉투에 기도 제목을 써서 하나님께 드렸다. "하나님! 수술비를 하나님께 드립니다. 고쳐 주실 줄 믿습니다." 교회 이전 부지 구입을 위해 일천만 원을 헌금하셨다. 그 후 계속 병원에서 검진을 받았는데 어느 날 의사가 "암세포가 발견되지 않습니다." 그리고 또 한참 지나서 의사가 "이제 암에서 완치됐습니다"라는 기쁜 소식을 전했다. 장로님의 믿음의 기도를 들으시고 생명의 주인 되시는 하나님이 "네 믿음 대로 될지어다"라며 수술하지 않고 낫게 해 주신 것이다. 믿음의 기도는 병을 고치는 능력이 있다.

그 후 성전 건축할 당시 어머니는 또 다시 건축헌금을 2천만 원 했다. 연산중앙교회는 하나님의 능력을 체험하는 교회다. 발전소를 영어로 'power station'이라고 한다. 능력이 힘이다. 우리에게 교회는 발전소다.

영적 치유가 있는 교회

외조부모님 댁에 가면 늘 하시던 말씀을 기억한다. "목사는 영혼을 치료하는 사람이다." "장로님들도 모두 양이다."

나는 신학교 졸업 무렵 삼일교회에서 좋은 경험을 했다. 수요일 신학교에서 돌아와 사택 내 방에 들어가기 전 기도하기 위해 예배당에 들어갔다. 예배당 안에 여전도사님이 웬 여자를 붙들고 있었는데 나를 보자 반색을 하며 부른다. "전도사님! 빨리 이리로 오세요. 이 여자가 귀신이 들렸는데 감당이 안 돼요. 같이 기도합시다." 그래서 둘이서 꼭 붙들고 기도하였다. 중간중간 찬송을 부르며 예수님이 귀신을 쫓아내신 복음서를 찾아 읽으면서 큰 소리로 기도했다. 여전도사님은 동석은 하였지만 지쳐서 나에게 다 맡긴 상태였다.

"예수의 이름으로 명하노니 귀신은 떠나갈지어다.", "어디로 나가라꼬?" 이런 대화도 있었다. 한두 시간 큰 소리로 기도하다가 "인애하신 구세주여 내 말 들으사 죄인 오라 하실 때에 날 부르소서"라고 찬송을 부르는데 여인이 눈물을 흘린다. 그리고 잠시 후 눈빛이 정상으로 바뀌더니 곁에 벗어 팽개쳤던 흰 고무신을 신고 교회를 나갔다. 내 목은 쉬어 있었고 얼마 후 결혼하여 아내 될 여인이 내게 '왜 목이 쉬었냐?'고 물어 당시에는 자세한 이야기를 하지 않고 얼버무렸다.

연산중앙교회 성도 중에는 과거 악한 영에 사로잡혀 있다가 전도 받아 교회에 출석하고 예수 믿어 변하여 새사람이 된 성도가 여러 명 있다. 절에 열심히 다니다가 전도되어 우리 교회에 출석한 후 전도왕이 되어 가정이 복을 받은 사람도 있다. 무당을 하다가 전도를 받아 참으로 신실하게 교회에서 봉사하는 분도 있다.

예수님 당시 일곱 귀신이 들렸다가 온전한 정신으로 예수님을 따르던 막달라 마리아와 같이 귀신의 지배를 받아 말할 수 없는 어려움을 받다가 예수 믿고 정말 아름답게 교회를 섬기는 분들도 있다. 내가 심방 가서 기도할 때 귀신에 사로잡혀 있는 현상을 보며 영적 긴장 속에 예배를 인도했던 경우도 여러 번 있었다. 이럴 때마다 삼일교회의 경험이 내게 큰 힘이 됐다.

성경에 기록되어 있는 모든 사건은 진실이다. 그리고 2천 년 전 일어났던 그 일들은 오늘도 일어난다. 예수님은 어저께나 오늘이나 또 영원토록 동일하시다. 예수님은 부활하셔서 살아 계신 주님이시기에 지금도 연산중앙교회에 임마누엘로 역사하신다.

장기 목회

'연산중앙교회에서 3년, 7년을 목회할수 있을까?'라는 생각을 했는데 어느새 35년이나 됐다. 내 평생의 사역이 한 교회에서 장기 목회가 된 것이다. 목회에 왜 피곤이 없겠는가? 목사에게 왜 스트레스가 없겠는가?

나는 목회의 스트레스를 해소하는 나만의 비결을 가지고 있다. 담임목사로 부임해 교회로 이사한 때는 1985년 10월이었다. 아내는 둘째 아들을 임신해 만삭이었다. 5시에 새벽기도회가 시작되는데 나는 목회에 전념한다고 온 힘을 다해 설교했다. 그렇게 설교하다 보면 설교가 길어졌다. 산기(産氣)를 느낀 아내가 여러 번 예배당 문을 열고 나에게 눈짓을 했으나 나는 알 수 없었다. 급기야 관리집사님이 눈치를 채고 택시를 불렀고 아내와 함께 급히 병원으로 가서 둘째 아들을 선물로 받았다. 나에게는 목회가 가정보다 우선순위 1번이었다. 그러다 보니 하나님께서 은혜를 베풀어 주셔서 교회를 부흥시켜 주셨다. 장로님들과 교인들은 젊은 목사인 나를 믿어 주었고 소신껏 목회하라고 격려도 해 주셨다.

부임한 지 7년째 될 때 나는 당회에 안식년을 달라고 요청했다. 1992년이었던 것 같다. 당시에 대학교수들은 안식년을 가졌지만 목사에게 안식년을 주는 교회는 거의 없던 때다. 교회에서는 사례비 외에 천만 원을 안식년 예산으로 세워 주어서 전후반 약 4개월간 마음껏 쉬고 견문을 넓힐 수 있었다.

그 후로도 매년 수 차례의 외국 여행을 하게 되었는데 짧게는 수일 때로는 주일을 포함해서 한 주간 정도 교회를 비우기도 했다. 여행으로 교회를 비울 때면 항상 교인들의 사는 모습을 떠올리며 성도들에게 미안한 마음을 가졌다. '모두 힘들게 살고 있는데 내가 여기서 놀고만 있는 것이 아닌가?' 또 하나는 감사한 마음과 목회에 대한 새로운 열정이 마음속에서 솟구쳐 오르는 것이다. 그래서 여행을 마치고 돌아와 주일 설교를 하면 교인들의 피드백이 좋았다. '목사님 설교가 힘이 있고 마음에 깊이 전달된다'는 것이다. 나는 여행 중에 영감을 느끼는 경우가 많았다. 설교는 책에서만 나오는 것이 아니라 성도들의 가정을 심방하면서 영감을 얻기도 하고 여행하면서 많은 것을 느끼는 중에 영감을 받기도 하는 것이다.

이영한 목사, 심수영 목사 PCA 총무, 저자, 임창호 부총장, 빌리 박 목사 PCA

목회 중 여행을 경험하면서 우리 교회가 속한 부산동부노회
와 일본개혁파 중부중회가 자매 결연을 맺는 산파 역할을 내가
맡았다. 개혁파 중부중회에 속한 세끼(關)교회 니시보리 목사님
을 만나 교제하면서 연산중앙교회 대학부 학생들의 여름수양회
를 일본 세끼교회로 보냈다. 양 교회 교인들도 서로 내왕하고 홈
스테이하면서 사랑의 교제를 깊이 나누었다. 이렇게 시작된 관계
가 노회 간 자매결연으로 확대됐다. 양 노회는 개척 전도를 함께

하기로 결정하고 일본 나고야에 나가쿠테 교회를 개척하여(2015년 3월 21일) 교역자로 황경수 선교사를 파송하게 됐다.

담임목사의 해외여행을 다 반긴 것은 아닐 것이다. 일부 교인 중 내 귀엔 들리지 않는 소리도 있었다. 나는 목회의 활력을 얻고 그것이 교회에 유익이 될 것이라 생각하였기에 그 후에도 매년 몇 차례 여행을 통해 개인적인 충전을 했다. 목회를 마치면서 아내에게 "목회 중 외국에 가서 교회들을 둘러보고 견문을 넓히고 다녔던 것은 참 잘한 것 같다"라고 스스로 평가하면서 그것이 장기 목회의 비결이었다는 생각이 든다.

나에게 이런 뱃심이 있었던 것은 하나님의 소명에 대한 확신을 스스로 가지고 있었기 때문이다. 신학교 다닐 때 매년 노회 고시부에서 신학계속허락을 받아야 한다. 그때 목사의 소명에 대한 질문을 받았다. '어떻게 목사가 되려고 생각했느냐?', '하나님의 소명을 어떻게 느꼈느냐?' 같은 질문이다. 그러면서 '내적(주관적)인 소명 말고 외적(객관적) 소명이 무엇이냐?' 물으면서 '하나님께서 사역할 수 있는 곳(환경)을 주실 때 그것이 외적 소명의 증표라'고 가르쳐 주신 것을 기억한다.

외조부 장로님의 가르침도 그러했다. '목사가 교인의 눈치나 살피는 자가 되어선 안 된다. 하나님께서 보내셨다는 확신 속에 장로님들도 양인 것을 기억하라'고 했다. 그래서인가 나는 소신을 가지고 목회했다. 이 일로 인해 그만두게 된다면 그만둘 수 있다는 생각을 가졌다.

2006년에는 부목사님 부부 두 가정과 우리 부부가 여름 휴가 일정을 함께하여 캐나다 록키 마운틴 일대를 여행한 것도 아주 유익했다(권 장로님이 동행함). 2017년 부총회장에 당선된 제67회 총회를 마친 후 수고한 부목사님 부부와 여전도사님, 그리고 우리 부부가 미국 옐로스톤 일대를 한 주간 여행한 것도 부목사님에게 대단한 도전을 준 것으로 생각된다.

동기 목사님 중 농담으로 "김 목사 그렇게 자주 나다니면 쫓겨나지 않나?"라고 말했지만 하나님의 은혜로 장기 목회로 은퇴하게 되었다. 아내는 나보고 '무슨 배짱이냐?'고 핀잔을 했지만 나는 목사가 영육 간에 충전되어 있어야 교회 발전소가 돌아간다는 생각에서 나름대로 목회 재충전을 했다.

성지순례 여행

2003년 11월 10일부터 17일까지 14명이 여행하는 성지순례 여행팀이 구성됐다. 이번 성지순례 여행의 멤버는 그해 5월에 원로장로로 은퇴하시게 된 박재명(1971년 장립), 남오기(장로님은 사정상 혼자), 여범식(1982년 장립) 장로님 부부와 정종택 장로님 부부, 담임목사, 부목사 부부, 윤경희 권사, 송정숙 권사, 그리고 이웃 교회 김원기 목사다. 그런데 김해공항에서 또 한 사람이 합류한다. 당시 부산동부지청 차장검사였던 황교안 침례교회 안수집사였다. 황교안 검사는 김원기 목사와 한방을 쓰는 룸메이트가 됐다. 그래서 15명이 8일간의 성지순례를 하게 됐다. 이집트, 카이로, 시내산, 갈릴리, 예루살렘을 둘러보는 성지순례다. 항공편은 부산서 오사카까지 대한항공을 이용하고, 오사카에서 이집트 카이로까지는 이집트항공(MS)이었다. 교회에서는 은퇴하신 세 분 장로님과 담임목사의 성지순례 비용을 부담하였고 그 외의 분들은 여행경비 200만 원을 자부담했다.

어머니 윤 권사님은 평생 성지순례 여행이 소원이었기에 함께
했다. 모두 성지순례 여행을 하면서 많은 믿음의 도전과 은혜를
경험했다. 카이로에서 홍해를 지나 시내산 등정을 할 때다. 밤중
에 호텔을 출발하여 시내산 정상에서 새벽 일출을 보는 일정이
다. 가이드의 말이 시내산 등정 마지막 부분은 경사가 심하며 마
지막에는 계단을 한참 올라가기에 나이가 많아 힘든 분들은 가지
않는 것이 좋겠다는 말을 했다. 어머니께 시내산 일출 등산은 하
지 않는 것이 좋겠다고 만류했으나 선뜻 대답하시지 않는다. 밤중
에 가이드의 출발 신호에 다들 기상하여 출발하는데 어머니 권
사님이 따라나선다. 만류할 수 없어 함께 출발했다.

마지막 계단을 통해 정상으로 걸어 올라가는 길은 참 힘들었
다. 현지에서 팔을 붙들고 올라가는 인부들을 고용할 수 있다고
하여 경비를 내고 어머니를 부축토록 했다. 그런데 팔을 부축해
올라가는 것이 건성으로 하는 것 같았다. 내가 다른 편에서 부축
하고 계단을 오르는데 너무 힘이 들었다. 정상에 올라가 모두 컵
라면을 사 먹는데 나는 한 젓가락 입에 넣으니 속에서 받질 않아
끝내 라면을 먹지 못했다. 하산길 호텔로 이동하는 긴 거리는 어
머니와 아내에게 낙타를 타도록 했다. 이후 계속된 여행 중 시내
산 등정의 피곤이 얼마나 오래가던지 예루살렘 투어를 할 때는
나 혼자 버스에 앉아 쉬기도 했다.

　그런데 여행을 끝내고 다시 카이로에서 오사카로 오는 비행편에 기적에 가까운 일이 일어났다. 가이드가 우리들의 여권을 모두 모아 비행기 좌석을 얻기 위해 카운터로 갔는데 근 두 시간이 되어도 돌아오지 않는다. 나중에 비행기 표를 가지고 오는데 초과예약(오버부킹)으로 이코노미석은 다 만석이었다. 그래서 가져온 티켓이 두 사람은 비행기 일등석이고 나머지 13명은 모두 비즈니스석이란다. 어머니 권사님과 나는 일등석에 앉았고 나머지는 모두 비즈니스석에 앉았다. 하나님께서 한 주간 어머니 모시고 여행하느라 애를 썼다고 나와 일행에게 주시는 특별한 선물이라 생각했다. 여행을 해 본 분들은 아시겠지만 이코노미석보다 비즈니스석은 갑절의 요금이다. 일등석은 비즈니스석보다 2배는 된

다. 엄청난 보너스였다.

　동행했던 황교안 장로(침례교에선 안수집사)가 덕담을 한다.
"오랜 검사 생활에 제가 사람 인상을 볼 줄 아는데 김 목사님은
앞으로 더 크게 될 분"이라고 한다. 황 장로님과 한방을 썼던 김
원기 목사님도 덕담을 한다. "황 검사님도 앞으로 하나님이 더 크
게 쓰셔서 대통령까지 되게 하실지 누가 알겠습니까?" 이 후에
하나님은 나를 고신 총회장, 한교총 대표회장이 되게 하셨고, 황
교안 검사는 국무총리, 대통령 권한대행까지 되게 하셨다. 복된
여행이었다.

나드림교회 개척 후원

2006년 6월에 나드림교회가 개척됐다. 노회장을 마치고 전도
부장으로 있을 때이다. 젊은 목사님이 내게 인사차 방문했다. 김
승욱 목사님이다. 영국 유학을 끝내고 돌아온 목사님인데 인근 양
정역 근처 서점 2층에 예배처소를 마련해 주신 분이 있어서 거기
서 개척교회를 시작하겠다는 말을 했다.

나는 몇 가지 질문을 했다. '개척교회에 대한 후원이 있느냐?
함께할 교인이 있느냐? 재정적인 면은 어떻게 계획을 세우고 있
느냐? 그 외 어려운 점은 없느냐?' 김 목사님의 대답이 후원하는
교회도 없고 함께할 교인도 없습니다. 재정적인 면도 하나님께 맡
깁니다. 어려운 점은 교회법상 현재 있는 본 교단의 교회와 직선
거리로 300m 떨어져 있어야 한다는데 신흥교회와의 거리가 애
매하다고 했다. 신흥교회 장로님은 먼저 그에 관해 물어보더라

는 것이다.

처음 보는 목사님이 인사차 와서 '어려운 개척교회를 시작하겠다'라는 패기 있는 말에 내가 군목 제대 후 개척교회를 시작할 때의 생각을 떠올렸다. 그래서 격려의 덕담을 했다. "이웃 교회와의 거리가 문제 된다면 우리 교회 앞에서 교회를 시작해도 좋습니다. 금방 옆에 금방이 있고 피아노 집 옆에 피아노 집이 있습니다. 교회 옆에 교회가 있는 것 문제없습니다."

목사님이 돌아간 후에 당회와 의논을 했다. 나드림교회는 연산중앙교회가 개척하는 모교회가 되도록 하자고 결정했다. 목사님이 기거할 수 있는 집(산호맨션 30평 6천만 원)을 얻어 드리고 2년 동안 목사님의 생활비 전액을 교회가 지원하도록 했다. 그리

고 새로운 처소로 이전하도록 해서 나드림교회가 시작부터 꿈꾸고 있던 대안학교를 할 수 있는 공간을 얻도록 예배당 전세금(3천만 원)과 리모델링비(3천만 원)를 지원하기로 했다. 이 일에 집주인과 만나 마무리하는 일을 하는 데 권중식 장로님이 책임을 맡았다.

나드림교회는 목사님이 열심히 전도하고 대안학교에 학생들도 모이기 시작했다. 그런데 학생들을 교육하기에 장소가 좁았다. 어느 날 김 목사님이 나를 찾아와 '전포동에 빌딩 5층이 났는데 한번 같이 보러갈 수 없겠느냐?'라고 했다. 같이 가서 건물을 둘러보면서 내가 물었다. "목사님! 이 건물이면 학생들 교육하고 예배드리는 데 문제 없습니까? 이 건물이 마음에 듭니까?" "예! 마음에 듭니다", "그러면 사도록 하세요. 하나님이 그런 마음을 주시면 할 수 있을 것입니다." 그 후 목사님은 용기를 얻었다. 은행에 융자도 얻고 양정에 있는 전셋집 돈도 보태어서 그 건물을 구입하여 이전하게 됐다. 돕는다는 것은 물질로만 돕는 게 아니다. 격려의 말로 용기를 불어넣는 것이 중요하다는 것을 깨닫게 됐다.

"주 여호와께서 학자들의 혀를 내게 주사 나로 곤고한 자를 말로 어떻게 도와줄 줄을 알게 하시고 아침마다 깨우치시되 나의 귀를 깨우치사 학자들같이 알아듣게 하시도다"(사 50:4).

나드림교회가 새 건물로 이전한 후 대안학교인 나드림 미션스

쿨(Nadream mission school)은 더욱 알차게 성장했다. 내가 은
퇴식을 할 때 학교 합창단이 참석해서 아름다운 곡을 불러 은혜
가 됐다. 그리고 나드림교회에서는 우리 부부가 대만을 여행할 수
있는 여행권을 온 교인들 앞에서 김승욱 목사님이 직접 전달하면
서 감사의 마음을 표했다. 연산중앙교회는 나드림교회가 성장하
는 것을 보면서 엄마의 마음을 느낀다.

교회 천국, 가정 천국

목회할 때 한 기독교 잡지사가 찾아와 인터뷰를 했다. "목사님의 목회 철학이 무엇입니까?" 그때까지 무슨 목회철학을 가지고 목회한 것이 아니었기에 질문에 순간 좀 당혹스럽긴 했으나 나는 즉각 대답이 나왔다. "교회 천국, 가정 천국"입니다.

주님이 가르쳐 주신 기도문은 '하나님의 나라가 이 땅에 이루어지는 것'을 위해 힘쓰라는 것이다. 하나님의 나라가 이루어진다는 것은 하나님이 통치하는 곳에서 하나님의 뜻에 지배를 받고 순종하며 살아가는 것을 말한다.

교회 천국

교회는 하나님의 집이다. 구약시대에 성막의 의미를 가진다.

구약의 성막(聖幕, Holy place)은 거룩한 곳으로 하나님이 거하시는(dwelling place) 곳이며, 하나님의 백성들이 모여 하나님께 예배(제사)하는 곳(meeting place)이다. 그 성막에 하나님이 임재하시기에 "너는 하나님의 집에 들어갈 때에 네 발을 삼갈지어다"라고 했다(전 5:1).

교회에서 하나님의 뜻을 말씀으로 듣고 깨닫게 된다. 하나님의 백성들이 모인 교회는 하나님의 뜻 앞에서 온전히 순종하고 따라야 하며 자기의 소리를 내지 않아야 한다. 그래서 말을 할 때도 하나님의 말하는 것 같이 해야 한다. "만일 누가 말하려면 하나님의 말씀을 하는 것 같이 하고 누가 봉사하려면 하나님의 공급하시는 힘으로 하는 것 같이 하라 이는 범사에 예수 그리스도로 말미암아 하나님이 영광을 받으시게 하려 함이니…"(벧전 4:11).

교회의 머리는 예수 그리스도이시고 우리는 지체이다. 목사나 장로나 교회의 어떤 유력한 자라도 왕 노릇 해서는 안 된다. 담임 목사로 청빙을 받았지만 주인 행세하면서 종신으로 그 교회에 있을 수 없다. 하나님이 보내시면 언제라도 떠날 준비를 해야 한다. 삯꾼 목사가 되지 말라는 것은 먹고 사는 생계를 위해서 목회를 해서는 안 된다는 말일 것이다. 소천하신 임종만 목사님은 말씀하길 '삯 받은 만큼만 일하는 것도 삯꾼'이라고 했다. 교회의 장로도 주인 행세를 하면 문제가 생길 수 있다. 교회는 하나님의 뜻에 모두 순종하는 성도들의 모임으로 천국의 모습을 이 땅에서 경험할 수 있는 아름다운 장소이다.

가정 천국

가정은 예수 믿는 믿음의 식구들이 함께 어울려 사는 작은 천국이 되어야 한다. 그런데 목회를 은퇴한 후 '내가 살아보니까'라는 느낀 점이 있다. 하나님의 말씀이 참되다. 하나님의 말씀을 생활 속에서 실천하면 하나님이 복을 주신다.

내가 초등학교에 들어가기 전 어머니는 시편 1편을 암송시켰다. "복 있는 사람은…"

내가 유년주일학교에서 처음 암송한 성경은 산상보훈의 팔복이 있는 마태복음 5장이다. "복이 있나니…"

"자녀들아 너희 부모를 주 안에서 순종하라 이것이 옳으니라 네 아버지와 어머니를 공경하라 이것이 약속 있는 첫 계명이니 이는 네가 잘되고 땅에서 장수하리라."(엡 6:1-3).

또한 하나님이 내게 주신 것을 남과 비교하지 않고 하나님의 선물인 줄 알고 받아 감사하고 누리는 삶이 얼마나 귀한 지혜인가를 깨달았다.

"사람이 사는 동안에 기뻐하며 선을 행하는 것보다 나은 것이 없는 줄을 내가 알았고 사람마다 먹고 마시는 것과 수고함으로 낙을 누리는 것이 하나님의 선물인 줄을 또한 알았도다"(전 3:12,13).

"사람이 하나님의 주신 바 그 일평생에 먹고 마시며 해 아래서 수고하는 모든 수고 중에서 낙을 누리는 것이 선하고 아름다움을 내가 보았나니 이것이 그의 분복이로다 어떤 사람에게든지 하나님이 재물과 부요를 주사 능히 누리게 하시며 분복을 받아 수고함으로 즐거워하게 하신 것은 하나님의 선물이라"(전 5:18, 19).

"너는 가서 기쁨으로 네 식물을 먹고 즐거운 마음으로 네 포도주를 마실지어다 이는 하나님이 너의 하는 일을 벌써 기쁘게 받으셨음이니라 네 의복을 항상 희게 하며 네 머리에 향기름을 그치지 않게 할지니라 네 헛된 평생의 모든 날 곧 하나님이 해 아래서 네게 주신 모든 헛된 날에 사랑하는 아내와 함께 즐겁게 살지어다 이는 네가 일평생에 해 아래서 수고하고 얻은 분복이니라"(전 9:7-9).

가정이 천국이 되기 위해선 먼저 내 마음이 주님이 거하시는 곳이 되어야 하겠다는 생각에서 나는 묵상한다.
"중심을 보시는 하나님, 내 마음의 묵상과 입술의 모든 말과 나의 작은 행동이 '하나님 보시기에 좋았더라!' 이런 평가를 받는 여생이 되게 하옵소서."

연합의 요체(要諦)

"형제가 연합하여 동거함이 어찌 그리 선하고 아름다운고 머리에 있는 보배로운 기름이 수염 곧 아론의 수염에 흘러서 그 옷 깃까지 내림 같고 헐몬의 이슬이 시온의 산들에 내림 같도다 거기서 여호와께서 복을 명하셨나니 곧 영생이로다"(시편 133:1-3).

요체란 말은 사물의 가장 중요한 내용을 뜻합니다. 연합이란 두 사람 이상 혹은 두 기관 이상이 합하여 한 조직체를 만드는 것을 말합니다. 한교총은 29개 교단이 모여 한 조직체를 만들었습니다. 가장 중요한 원리를 나름대로 생각하여 전합니다.

연합이란 말에 가장 걸맞은 것이 미합중국(The United States of America)일 것입니다. 13개 주가 모여 독립을 했는데 지금은 50개 주가 연합하여 강력한 나라를 이루었습니다. 수많은 소수민족이 모여 있습니다. 영어를 못해도 살 수 있는 나라입니다. 그 미국의 정신이 무엇일까요? 미합중국의 이념이 자유입니다. 그리고 그 상징은 자유의 여신상(The Status of Liverty) 입니다. 미국의 정신을 가장 잘 드러내는 것이 미국 국가 '성조기여 영원하라!'입니다. 가사가 이렇습니다.

로켓의 붉은 섬광, 공중에서 폭발하는 폭탄
밤새 치른 용맹한 전투의 혼란 속에서도
성조기는 아직도 휘날리고
우리들 방어진지 위에 흩어진 피는
너무도 고결하게 물줄기로 흘러내렸음을 본다
여기는 우리의 자유가 깃든 땅 용맹이 깃든 집이다
성조기여 자유와 용맹의 나라에 펄럭이라!

일본의 정신은 무엇일까요? 천황 중심입니다. 그 국가의 가사는 이렇습니다.

군주의 치세는 천대에, 팔천대에
작은 조약돌이 큰 바위가 되어 이끼가 낄 때까지

연합은 외형적, 물리적으로 이루어지는 것이 아닙니다. 단순히 세(勢)를 부풀리기만 하면 문제가 생기게 됩니다. 본문은 연합의 요체에 대해 말하고 있습니다. 연합하여 동거하는 것(brothers live together in unity!)이 아름답다고 했습니다.

왼쪽부터 청와대 사회수석, 김진표 국회의장, 김성복 목사(고신), 박종철 목사(침례), 이승희 목사(합동), 황교안 전 총리, 전명구 목사(감리), 이영훈 목사(순복음) 한교총 전임 및 신임대표회장들과 함께

머리에서부터 흘러내리는 기름이 온몸을 적신다고 했는데 머리에서부터라는 것은 '한 믿음으로 한 사상(생각)'이란 것이고 기름은 성령을 상징합니다. 그러니 한 성령 안에서 같은 믿음으로 연합되어야 합니다. 교회 간의 연합은 성경을 하나님의 말씀으로 믿는 믿음에서 시작됩니다. "성령이 하나되게 하신 것을 힘써 지키라!"고 했습니다(엡 4:3).

교회의 머리는 그리스도이십니다. 우리는 먹든지 마시든지 무엇을 하든지 하나님의 영광을 위하여 살아야 하는 성도들입니다.

문희상 국회의장 공관초대를 받고

예수님은 제자들을 위해 하나님께 기도할 때 "저들도 우리와 같이 하나되게 하소서!"라고 간구했습니다.

　미국이 자유를 근본이념으로 삼고 건국했던 것처럼, 일본이 사상적으로 천황 중심으로 나라가 단결된 것같이 우리는 하나님 앞에서 하나님의 영광과 그 나라를 이 땅에 이루고자 하는 하나님 중심의 마음이 머리에서부터 옷깃까지 흘러내려야 할 것입니다. 그러기에 교단 간에 인정과 배려가 있어야 합니다. 교세가 작은 교단들이 소외감을 느끼지 않도록 해야 합니다. 작은 지체가 더욱 요긴할 수 있습니다. 29개 교단 총회가 연합한 모임입니다. 어떤 교단이라도 단순히 들러리가 되어선 안 될 것입니다. 작은 자들의 냉소와 큰 자들의 위세가 있어선 안 됩니다. 지금 한국 사회는 어느 때보다 교회들의 연합이 필요한 때입니다.

한교총의 실무를 맡은 실무자들의 수고는 신앙에 기초한 헌신이 되어야 할 것입니다. 주장하는 자세로 하지 않고 더러운 이를 취하지 않고 하나님의 영광을 위해 즐거운 마음으로 눈물과 기도로 기쁘게 헌신하기를 바랍니다.

한교총 1회 설교(2018. 12. 13)

화평함과 거룩함을 좇으라

"모든 사람과 더불어 화평함과 거룩함을 따르라 이것이 없이는 아무도 주를 보지 못하리라 너희는 하나님의 은혜에 이르지 못하는 자가 없도록 하고 또 쓴 뿌리가 나서 괴롭게 하여 많은 사람이 이로 말미암아 더럽게 되지 않게 하며 음행하는 자와 혹 한 그릇 음식을 위하여 장자의 명분을 판 에서와 같이 망령된 자가 없도록 살피라"(히브리서 12:14-16).

"화평함과 거룩함을 따르라 이것이 없이는 주를 보지 못하리라"고 했습니다. 하나님을 보려면 우리가 갖추어야 할 요건이 화평함과 거룩함입니다. 이 말씀으로 은혜를 나누고자 합니다.

1. 화평함에 대해서 생각합니다.

화평함의 첫째 대상은 하나님과의 화목입니다. 구약의 제사 중 하나가 화목제사입니다. 'Peace offering, Fellowship offering'이라고 합니다. 자신과 하나님과의 관계가 회복된 이후 즐거워하

며 드렸던 제사입니다. 우리에게 죄가 있으면 하나님과의 관계가
깨어집니다.

　죄를 범한 자에게 벌을 내리시는 것이 하나님의 공의로, 그 벌
이 바로 징계입니다. 5절부터 11절까지 징계에 대해 말씀합니다.
"주의 징계하심을 경히 여기지 말며 낙심하지 말라 아버지가 징
계하지 않는 아들이 있으리요 징계는 다 받는 것이거늘 없으면
사생자요 친아들이 아니니라 징계는 우리의 유익을 위함이라 징
계로 연단받은 자들은 의와 평강의 열매를 맺느니라" 징계를 받
을 때는 몹시 괴롭습니다. 어떤 때는 고통 속에 억울하고 분한 생
각이 들어 하나님을 원망하기도 합니다. 바로 이런 상태가 하나
님과의 화목이 없는 경우입니다.

　호세아 선지자는 "깨닫지 못하는 백성은 망하리라"라고 했습

니다. 하나님은 자기 백성이 깨닫도록 때로는 고통도 주신다는 말씀입니다. 내가 잘못 살았고 범죄했기 때문에 징계의 고통을 당하는 것입니다. 그러나 사실 징계는 나의 유익을 위한 것입니다. 그래서 사람 막대기와 인생 채찍의 아픔을 경험한 다윗은 "주의 지팡이와 막대기가 나를 안위하신다"라고 했습니다.

시편 119편에는 "고난 받는 것이 내게 유익이라 이로 인해 주의 율례를 배우게 되었고 전에는 내가 그릇 행하였더니 이제는 주의 말씀을 지키나이다"라고 했습니다. 징계는 하나님께서 우리를 훈련하는 교육의 도구입니다. 징계라는 희랍어는 '파이데이아'인데 그 뜻이 징계, 교육, 훈련입니다. 그러기에 고난 중에서도 자신을 살피며 잘못을 회개함으로 하나님과 화목해야 합니다. 이사야 55장에는 "악인은 그 길을 버리고 불의한 자는 그 생각을 버리고 하나님께 돌아오라"라고 했습니다. 우리 마음이 죄의 담으로 하나님과 막혀 있으면 하나님과 평화가 없게 됩니다. 그 담을 허무는 것이 회개입니다.

세례 요한은 "주의 길을 예비하라 골짜기가 메워지고 산이 낮아지고 굽은 것이 곧아지고 험한 곳이 평지가 될 것이라"라고 외쳤습니다. 회개한 마음이 곧고 평탄한 길입니다. 그 길로 평화의 주님이 찾아오십니다. 예수님은 평화의 왕입니다. 예수님께서 화목제물로 내 죗값을 치루어 주셨습니다. 예수님이 십자가에서 죽으심으로 우리는 하나님과 화목할 수 있게 됐습니다. 회개한 마음이 화목제물이신 예수님을 마음에 모실 수 있는 것입니다. 예수님을 모신 그 마음이 기뻐하고 즐거워함으로 하나님을 기쁘게 섬길 수 있다고 말씀합니다. 히브리서 12장 28,29절에 "은혜를 받자이로 말미암아 경건함과 두려움으로 하나님을 기쁘시게 섬길지니 우리 하나님은 소멸하는 불이심이니라"라고 했습니다. 봉사와 헌신에 기쁨과 감격이 없으면 하나님과 화목되지 못한 것입니다.

화평함의 둘째 대상은 성도들입니다. 화평(peace, tranquillity, 헬라어 에이레네)이란 '조용한, 평온한, 어지럽고 소란하지 않은, 일치, 조화와 화합'이란 뜻입니다. 사람과의 관계, 성도 사이의 관계 등에 해당됩니다. 모든 사람과 화평하라고 했습니다(14절). 교회 성도들 간에 화평이 있어야 합니다. 총대원들 사이에도 화평이 있어야 합니다. 그러기 위해 내가 남에게 잘못한 것이 있으면 용서를 빌어야 하고 나에게 잘못했다고 용서를 빌면 용서해야 합니다.

남에게 잘못을 저지른 것에 대해 용서를 비는 것이 회개입니다. 먼저 형제에게 잘못한 것과 상처와 피해를 준 것을 깨달아야 합니다. 그리고 그 마음을 풀어 주는 행동의 열매가 있어야 합니다. 삭개오는 예수님을 만난 후 다짐했습니다. 구약의 율법대로 보상하겠다는 말입니다. "남의 것을 속여 빼앗은 일이 있으면 4배를 갚겠나이다"라고 했습니다(눅 19:8). 회개란 잘못했다는 반성만으로 끝을 내어선 안 됩니다. 행동이 따라야 합니다. 탕자의 회

개는 아버지 집으로 되돌아오는 결단이 있었습니다. 남(상대방)에게 용서를 비는 것이 참 어렵지만 그것이 회개의 첫걸음입니다. 아내, 남편, 부모, 자녀들에게, 성도들 간에 내가 잘못한 것이 깨달아지면 용서를 빌어야 합니다.

남이 나에게 용서를 빌 때 용서해야 화목이 있게 됩니다. 용서는 내가 하는 것입니다. 용서는 불쌍히 여기는 긍휼의 마음에서 옵니다. 예수님의 용서를 체험한 자는 긍휼의 마음으로 남을 용서하고 용납할 수 있습니다. 잘못은 상대방이 했지만 용서는 내가 하는 것입니다. 이 용서는 나를 위한 것입니다. 내가 용서하는 마음이 있을 때 마음에 평안이 있습니다.

우리는 하나님의 사랑을 경험한 자들입니다. "하나님이 죄를 알지도 못하신 이를 우리를 대신하여 죄로 삼으신 것은 우리가 아직 죄인 되었을 때"라고 했습니다(고후 5:19, 롬 5:8). 아직 죄인으로 있었을 때 하나님께서 우리를 불쌍히 여겨 우리를 사랑하여 독생자 예수 그리스도를 화목제물로 이 땅에 보내 주셨습니다. 그 사랑에 감격하면 남을 긍휼히 여길 수 있습니다. 그 사랑으로 용서할 수 있는 것입니다. 내 눈의 들보를 생각하면 형제의 눈의 티를 용납할 수 있습니다.

고린도후서 5장 18절에 "그리스도로 말미암아 우리를 자기와 화목하게 하시고 또 우리에게 화목하게 하는 직분을 주셨으니"

라고 했습니다. 성도들끼리 화목해야 합니다. 그러나 무조건 '좋은 것이 좋다'는 식의 화목이 되어선 안 됩니다. '소금을 두고 화목하라'고 했습니다. 거룩함을 간직하고 화목해야 합니다. 거룩이 없는 화평은 위장된 평화입니다. 소금의 맛은 짠맛입니다. 소금이 짜야 부패를 방지할 수 있습니다.

그러나 내 신앙적 정통을 기준으로 하여 독선적으로 남을 쉽게 비판하면 문제가 발생합니다. 내 눈에 들보가 있다는 것도 함께 인정해야 합니다. 내가 너무 경건하면 남을 용납하지 못하는 바리새인으로 비칠 수 있습니다. 우리가 죄인임을 깨달을 때 형제의 허물을 용서할 수 있습니다.

2. 거룩함에 대해서 생각합시다.

출애굽 후 하나님은 시내산에서 이스라엘 백성들에게 "내가 거룩하니 너희도 거룩하라"라고 요구했습니다. 레위기에는 반복해서 "내가 거룩하니 너희도 거룩하라"라고 했습니다.

거룩(히브리어 카다쉬)이란 단어를 사람에게 사용할 때는 '자신을 하나님께 헌신한다'(드린다)는 뜻입니다. 자신을 하나님께 드리는 자는 자기의 권리를 다 내려놓아야 합니다. 하나님께서 모세에게 "네가 선 곳은 거룩한 땅(holy ground)이니 신을 벗으라"라고 명한 것은 상징적인 의식이었습니다. 구약시대에 자신이 가진 '기업 무를 권리'를 포기할 때 증거로 자기 신발을 벗어 증명하는 습관이 있었습니다. 모세와 여호수아는 하나님 앞에서 신발을 벗어 이 시간 이후 자신의 삶은 하나님의 것이요 자신의 삶의 목표는 하나님의 뜻을 이루는 것임을 선언했습니다. 이것이 하나님께 대한 헌신입니다.

거룩이란 단어를 어떤 사물에게 적용할 때는 '구별하여 신성하게 하다. 정화하다'라는 뜻입니다. 특별히 성막의 물건들은 성구에 기름을 발라 거룩하게 구별했습니다. 그리고 성물의 목적은 하나님을 위해 사용하는 데 한정했습니다. 거룩의 본질은 구별입니다. 구별이란 똑같지 않다는 것입니다. 분리됨이 구별입니다.

거룩은 하나님의 속성입니다. 구약시대에는 제사를 통해 하나님을 만납니다. 제사가 거룩할 때 하나님의 임재를 경험합니다. 하나님을 만나는 거룩한 제사법을 레위기에 기록하고 있습니다. 제사는 제물이 있어야 합니다. 그리고 제사장이 있어야 합니다. 제사장은 성소의 기구들을 사용해서 하나님께 제사를 드립니다. 제물과 제사장과 성물이 다 거룩해야 합니다. 제물로 선택된 양이나 소도 거룩하게 구별합니다. 제사장으로 위임식을 거행할 때 물로 씻고 속옷과 에봇을 입히고 성소의 기구들은 기름을 발라 성별합니다. 제물을 거룩하게 성별하고 제사장이 거룩하게 자신을 성별하고 백성들이 구별하여 바친 제물을 거룩하게 구별한 후 제사장의 속죄 선언이 선포됩니다. 그리고 바친 제물을 제사장과 나누며 즐거워하는 즐거움의 교제가 있게 됩니다.

성도들은 말이 거룩해야 합니다. 남을 허물하지 않고 비방하지 않고 진실을 말해야 합니다. 믿는 자는 새 방언을 말해야 합니다. 새 방언은 하나님께 감사하며 찬양하며 성도들에게 도움과 힘을 주는 말입니다. 우리는 말로 형제의 마음에 상처를 주는 경우가 많습니다. 이 총회 때는 말로 격려하되 상처를 주거나 비방하지 말아야겠습니다.

우리의 생각이 거룩해야 합니다. 제사장은 물로 몸을 씻고 속옷과 그 위에 겉옷을 입습니다. 그리고 '여호와께 성결'이라는 패를 이마에 답니다. 속사람이 정결해야 하고 생각이 거룩해야 합니다.

거룩한 자의 행실이 있어야 합니다. 시편 15편에 "누가 하나님의 장막에 머물고 성산에 살 수 있느냐? 정직하게 행하며 공의를 실천하며 마음에 진실을 말하며 그의 혀로 남을 허물하지 아니하고 이웃을 비방하지 아니하며 마음에 서원한 것은 해로울지라도 변하지 아니하며 이자를 받으려고 돈을 꾸어 주지 아니하며 뇌물을 받고 무죄한 자를 해하지 아니하는 자라…"고 했습니다. 빌립보서 4장에는 "무엇에든지 경건하며 옳으며 정결하며 사랑받을 만하며 칭찬받을 만하며 덕을 세우라"라고 했습니다. 예수

님은 "너희 착한 행실을 보고 하나님께 영광을 돌리게 하라"라고
했습니다(마 5:16).

한국 교회는 거룩을 회복해야 합니다. 우리 교단은 거룩을
회복해야 합니다. 디모데후서 3장에는 "누구든지 이런 것에서
자기를 깨끗하게 하면 주인의 쓰심에 합당하며 하나님이 귀히
쓰는 그릇이 된다"라고 했습니다. 이단에 빠지지 않는 교리적
깨끗함이 있어야 합니다. 생활의 순결이 있어야 합니다. 오늘날
교회와 목사, 장로는 어떻습니까? 외형적인 구별의 표가 없습
니다. 거듭난 사람이라고 해서 하나님이 천사의 날개를 달아 주
지 않습니다. 우리의 얼굴에 빛이 나는 것도 아닙니다. 외형적
인 변화는 없습니다. 그러나 우리의 이마에는 '여호와께 성결'
이라는 제사장의 패를 붙이고 살아야 합니다. 우리의 생각과 가
치관이 하나님의 영광을 위해야 합니다. 우리의 생활이 하나님
앞에서 합당해야 합니다. 지금 한국 교회가 사회의 지탄을 받
는 것은 거룩의 상실에서 온 문제입니다. 성도의 가치관의 일탈
에서 온 문제입니다. 세상과의 구별이 없습니다. 하나님의 거룩
하심을 본받아야 합니다.

3. 하나님을 보는 것에 대해서입니다.

하나님은 우리 눈으로 볼 수 있는 대상이 아닙니다. 우리 가운
데 하나님을 본 자가 없습니다. 그런데도 하나님을 본다는 말을

한 것은 하나님의 존재에 대한 것입니다. 하나님을 본 자는 하나님의 존재를 분명히 인정합니다. 사무엘은 어린아이 때, 다윗은 청소년 때, 야곱은 장년 때 하나님의 존재를 경험했습니다. 이것이 바로 본 것입니다. 하나님의 존재를 깨닫는 것은 나이 문제가 아닙니다. 새로운 피조물이 하나님을 볼 수 있는 것입니다. "그리스도 안에 있으면 새로운 피조물이라"고 했습니다(고후 5:17). 회개하고 중생한 자가 새로운 피조물입니다. 그 사람이 청결한 마음으로 남을 긍휼히 여기는 마음을 가집니다. 내 눈의 들보를 인식하면서 남의 눈의 티도 볼 수 있습니다. 그가 남을 용서하고 용납할 수 있는 것은 '내가 아직 죄인이었을 때 하나님의 사랑으로 용서받고 자녀가 된 은혜를 깨닫기' 때문입니다.

우리는 성경 역사를 통해 하나님을 봅니다. 하나님께서 역사를 어떻게 주관하시고 심판하셨는지를 알게 됩니다. 그뿐 아니라 환경을 통해 살아 계신 하나님의 손길을 볼 수 있습니다. 시내산에서 모세가 "내가 누구이기에 바로에게 가며 이스라엘 자손을 애굽에서 인도하여 내리이까"라고 질문했을 때 하나님은 "내가 반드시 너와 함께 있으리라 네가 그 백성을 애굽에서 인도하여 낸 후에 너희가 이 산에서 하나님을 섬기리니 이것이 내가 너를 보낸 증거니라"라고 하셨습니다(출 3:12). 이 말씀대로 출애굽 1년 후 시내산에서 성막을 만들고 거기서 하나님께 유월절 제사를 드렸습니다. 이것이 환경을 통해 모세가 하나님을 확실하게 본 증거입니다.

결론

거룩함과 화평함을 따르는 자들이 됩시다. 이것은 하나님이 명하시는 말씀입니다. 이것이 오늘 한국 교회가 우리 총회(교단)에 기대하는 바입니다. 우리는 신앙적 아름다운 전통을 선대로부터 물려받았지만 역사에 머물러만 있어서는 안 됩니다. 역사는 보존에 의미가 있는 것이 아닙니다. 미래를 위해 역사가 존재하는 것입니다. 우리의 삶이 거룩하게 구별되어야 합니다. 거룩함이 사회의 부패를 방지하는 소금입니다. '소금을 두고 화목하라'라고 했습니다. 그러나 결코 신앙적 독선에 빠져서는 안 됩니다. 자기 의를 기준 삼아 너무 쉽게 남을 비판하고 정죄하는 것을 조심해야 합니다. 하나님의 거룩을 마음에 간직한 채 남을 용납하고 화평을 이룰 수 있는 성숙한 총회 총대원들이 되기를 바랍니다.

제68회 총회 설교(2018. 9. 11.)

에필로그

동해의 일출은 아름답다. 여명이 밝아올 무렵이면 동해 수평선 바다와 붙은 하늘은 붉어 오고 이윽고 바다 끝에서 올라오는 태양이 붉은 얼굴을 내민다. 그러나 해가 전체로 둥근 모습을 내비치는 순간 눈이 부셔 더 이상 일출의 장관을 볼 수 없다. 아쉽다. 일출의 아름다움은 시간이 짧다.

서해의 낙조는 아름답다. 해가 서해 수평선으로 떨어지기 오래 전부터 힘을 잃은 태양은 서편 바다와 하늘을 한참이나 붉은 색으로 물들이고, 조그마한 동전 크기의 붉은 원이 되어 바다 아래로 사라진다. 그러나 해가 떨어진 뒤에도 오래도록 서편 하늘에 여운을 남긴다. 일출이 아름답지만 황혼과 석양은 더 아름답다. 오랜 시간 황혼의 아름다움을 남긴다.

인생은 노년이 아름다워야 한다. 떠난 후에도 오랜 시간 주변에 기억을 남겨야 한다. 하나님 보시기에 좋았더라! 그렇게 창조된 인생이다. 보시기에 좋게 태어났으니 아름답게 늙어야 한다. 곱게 늙어야 한다.

모세는 120세를 사는 동안 눈이 흐리지 않고 기력이 쇠하지 않았다. 그리고 그는 느보산 높은 곳에 올라 평생토록 목표로 삼고 달려왔던 저 가나안 땅을 멀리서 바라만 본다.

해 질 무렵 석양의 아름다움을 뒤에 두고 동편 가나안 땅을 멀리서 바라보는 노인!

바라던 모든 것을 다 소유하지는 못했지만 신명기 설교를 남기고 종적을 감추었던 노인!

그는 노인이 아니라 평생을 젊음으로 산 하나님의 사람이었다.

출생은 모두에게 기쁨을 주는 축하할 일이다.

그리고 은퇴는 하나님이 택한 자에게 주시는 축복의 선물이다.

은퇴는 축복입니다
김성복 산문집

2023년 3월 9일 초판 1쇄 발행

지은이   김성복
발행인   최정기
기획책임   박진필
디자인   조은희
마케팅   최성욱
마케팅 지원 박수진
인쇄   금강인쇄소

펴낸곳   고신언론사
주소   서울시 서초구 고무래로 10-5(반포동) 고신총회 고신언론사
전화   02-592-0981, 02-592-0985 (FAX)

※ 본문 및 제목에서 을유1945 서체를 사용했습니다.